江西师范大学

区域创新与创业研究中心学术丛书

RESEARCH ON THE MANAGEMENT SYSTEM OF CHINA'S FREE TRADE TEST ZONE

我国自由贸易试验区管理体制研究

刘荣春◎著

经济管理出版社
ECONOMY & MANAGEMENT PUBLISHING HOUSE

图书在版编目（CIP）数据

我国自由贸易试验区管理体制研究 / 刘荣春著 . —北京：经济管理出版社，2019.11
ISBN 978-7-5096-6936-5

Ⅰ . ①我… Ⅱ . ①刘… Ⅲ . ①自由贸易区—管理体制—研究报告—中国 Ⅳ . ① F752

中国版本图书馆 CIP 数据核字（2019）第 278593 号

组稿编辑：丁慧敏
责任编辑：丁慧敏　张广花
责任印制：黄章平
责任校对：张晓燕

出版发行：经济管理出版社
（北京市海淀区北蜂窝 8 号中雅大厦 A 座 11 层　100038）
网　　址：www.E-mp.com.cn
电　　话：（010）51915602
印　　刷：三河市延风印装有限公司
经　　销：新华书店
开　　本：710mm × 1000mm/16
印　　张：11.25
字　　数：135 千字
版　　次：2019 年 12 月第 1 版　2019 年 12 月第 1 次印刷
书　　号：ISBN 978-7-5096-6936-5
定　　价：59.00 元

前 言

preface

经济全球化背景下，各国将设立自由贸易园区作为本国对外开放的重要政策。根据世界贸易组织统计，全球自由贸易园区的数量每年呈现递增的态势，到目前为止全球大约有1200个自由贸易园区。根据功能不同，自由贸易园区可分为自由港、对外贸易区、出口加工区和科技工业园区四种模式。自由贸易园区的发展在很大程度上推动了所在地区及国家的经济贸易增长。随着自由贸易园区的不断发展，其功能更加趋于全面、综合，由初始的单一功能向综合化功能转变，管理模式和政策实践也越来越规范化。宏观层面由初始的单一管理模式向共同管理模式转变，微观层面逐渐发展成了政府主导型、企业主导型和政企混合型的多样化的管理模式。政策实践主要涉及税收优惠政策、投资准入政策、金融自由化政策和海关监管政策等方面。全球自由贸易园区历经数百年的发展，逐渐成为世界各国及地区参与区域经济一体化和分享贸易利益的一个重要平台，自由贸易园区作为促进投资便利化和贸易自由化的有效工具，是一个国家或地区提高开放型经济水平、实施对外开放的重要举措。

我国从20世纪90年代初开始了对自由贸易园区的实践探索。1990年，我国成立了第一个保税区上海外高桥保税区，随后陆续成立了15个保税区、8个物流园区、5个保税港。这些特殊区域的建设参考了国外自由贸易园区的成功经验并结合了中国的具体国情，为我国外向型经济发展做出了巨大贡献。为进一步加快对外开放步伐，在此基础上我国开始了自由贸易区试验。2013年9月，我国第一个自由贸易试验区上海自由贸易试验区成立。截至2018年，我国共设立了12个自由贸易试验区。加快自由贸易试验区建设，是我国新一轮对外开放的重要内容，是我国经济进入新常态的必然要求，是全面深化改革、构建开放型经济新体制的必然选择。

相较于西方几百年的自由贸易园区发展历史，我国自由贸易试验区还是一个新生事物。构建符合中国国情的自由贸易试验区管理体制，是我国自由贸易试验区建设的重要环节。本书在借鉴国外自由贸易园区管理经验的基础上，结合我国对外经济发展实际和已有自由贸易试验区所取得的实践经验，对我国自由贸易试验区管理体制机制进行了研究。全书共分自由贸易园区文献综述、我国自由贸易试验区发展现状、我国自由贸易试验区管理体制、国外主要自由贸易园区管理经验和我国自由贸易试验区管理体制比较五章。

本书是江西省高校人文社科重点研究基地江西师范大学区域创新与创业研究中心学术丛书中的一部。丛书的出版得益于基地的经费资助。本书的出版得到了经济管理出版社编辑丁慧敏等同志的大力支持，在此表示衷心的感谢！

目 录
contents

第一章

自由贸易园区文献综述

第一节
国外自由贸易园区文献综述

在经济全球化的大背景下，各国均将设立自由贸易园区作为本国对外开放战略的重要方针政策。根据世界贸易组织统计，全球自由贸易园区的数量每年均呈现出递增的态势，到目前为止全球大约有 1200 个自由贸易园区，其中美国拥有 300 多个。自由贸易园区的发展在很大程度上推动了其所在地区及国家的经济贸易增长。同时，自由贸易园区的功能将趋于全面、综合，由初始的单一功能向综合化功能转变，自由贸易园区的管理模式和政策实践越来越规范化。宏观层面，由初始的单一管理模式向共同管理模式转变；微观层面，逐渐发展成了政府主导型、企业主导型和政企混合型的多样化管理模式，政策实践主要涉及税收优惠政策、投资准入政策、金融自由化政策和海关监管政策等方面。全球自由贸易园区历经数百年的发展，逐渐成为世界各国参与区域经济一体化和分享贸易利益的一个重要平台，自由贸易园区作为促进投资便利化和贸易自由化的有效工具，是一个国家提高本国开放型经济水平、实施对外开放战略的重要举措。当前，世界上的主要自由贸易园区正在逐渐发生变化：从主要注重货物贸易功能、贸易储存功能、在岸业务功能、贸易自由制度安排和区域物流，到现在主要追求的是服务贸易、投资自由化、拓展离岸功能；投资自由、金融自由、贸易自由制度创新化发展向全球供应链枢纽方向发展。

世界上最早的自由贸易园区是以自由港形式出现的，即一个国家开放码头，在码头范围内外国商品可以自由进出，自由港具有优越的地理位置与港口条件，主要从事转口贸易与转运业务，发挥商品集散功能。世界上公认最早的自由港是1547年意大利热那亚湾里南那自由港，随着世界经济发展与国际贸易不断扩大，自由贸易园区正式进入发展阶段。早期自由贸易园区主要分布在港口或者与港口相邻的地区，通常对区内企业和货物实行“一线放开、二线管住、区内自由”的管理制度。随着生产力的提高从而导致贸易范围扩大，自由贸易园区从欧洲走向全球各地，其类型出现了明显的多样化。国际通行自由贸易园区概念囊括了自由港、对外贸易区、免税工厂、边境加工区、出口自由区、出口加工区、科学工业园区、保税区、保税仓库和货物集散地等多种类型，根据产业功能的不同，将国际通行自由贸易园区划分为自由港、对外贸易区、出口加工区和科技工业园区四种模式。

自由港（Free Port）的“自由”主要表现在商品、资金、人员等要素的自由，是设立在港口的“境内关外”区域，外国商品进入港口区域无须缴纳关税，在区内可进行自由仓储运输、分销展示和简单加工。其设立的核心目标是通过增大港口吞吐量与建立国际通行规则将港口地区发展成外向型综合经济中心，并带动腹地与对外贸易关联的服务业的发展。外国商品可免关税进出自由港，在区内进行的仓储运输、简单加工和展示销售等活动不征税，只有进入所在国境内才纳税，其中，有限自由港仅对特定的入区外国商品征关税或实行限制，对其他入区外国商品一律免税，完全自由港对入区外国商品一律免关税。自由港与其他类型的自由区相比有两个特点：其一，自由港和所有其他的自由区以是否免除关税与普通港口和普通地区相区别；其二，自由港以免除关税进口的外国商品是否允许在当地消费与其他自由区相区别。早期的自由港内一般禁止从事制造业务，随着不断发展，现代自由港的业务范围逐渐扩大，除了从事传统的仓储和转口贸易外，还可以进行加工制造、物流分拨和旅游等业务。现代自由港的范围也从码头向港口腹地延伸，拥有了仓储、展示、加工、综合服务等不同的功能分区。国际主要自由港中具有代表性的是中国香港自由港与新加坡自由港，我国香港自由港的核心产业为转口贸易、国际交流、仓储运输与出口加工业，港区内贸易与投资自由、人员流动与企业运营自由，港区内实行一系列的税费减免优惠。新加坡自由港借助于港口的区位优势和税收优惠发展转口贸易，进而带动腹地制造业、金融业、商业和运输业的发展，形成了集航运、转口贸易、保税仓储、金融、集成电路制造与炼油等多个产业功能于一体的亚太金融贸易中心。

对外贸易区（Foreign Trade Zone）为一国或地区在海关或临近海关地区划定的国外商品可自由免税进入的境内关外区域，其设立目的在于引进外资和先进技术、降低本土企业的生产成本、提高本土企业国际竞争力和促进本土就业。对外贸易区内企业可从事商贸服务、转口贸易、仓储运输、分销展示与简单加工等业务，对入区商品免税或者延迟征税，对再出口商品免征关税。世界主要对外贸易区中最具有代表性的是美国对外贸易区和智利伊基克自由贸易园区。美国对外贸易区设立的目的是振兴在经济大萧条和高关税的双重压力下的国际贸易、推动国际贸易的发展与外商投资的引进，区内企业将本国资源和国外资本结合起来，以低成本方式进行生产，以提升其国际竞争力。其建设思路是在港口或临近港口地区划定一片区域，入区货物处于“境内关外”状态，无须缴纳关税与其他税费，以降低本土从事生产和贸易活动企业的运营成本，进而提高其国际竞争力。美国对外贸易区与其他自由贸易园区最大的区别在于其“主区＋辅区”制度，主区的基本属性等同于其他自由贸易园区，通常位于港口（河海港、空港等）附近，面向国际市场和各类贸易主体；辅区则是某个企业的专属自由区，一般建在大型制造业企业的厂房内。智利伊基克自由贸易园区也是对外贸易区的成功示范之一，不仅是面向南美地区的进出口贸易中心，而且是南美国家与太平洋国家之间的贸易集散中心。任何公民都能申请在区内成立公司，从事仓储运输、加工制造和商贸服务活动，鼓励外商投资和技术转让。对区内企业免征一级所得税，入区的本国商品免征增值税，入区的外国商品在区内存储免关税和增值税，但其运输和销售环节需缴纳增值税（闰然，2014）。

出口加工区（Export Processing Zone）是为了发展制造、加工和装配出口品等出口导向型工业而划定的特殊区域，区内企业享受税费减免优惠。出口加工区主要设立在经济发达、劳动力丰裕、交通便利、贸易便利和基础设施完善的地区，主要是沿海港口、机场或边境地区。其核心作用在于依托良好的发展基础和优惠政策吸引外商投资外向型工业，以增加本土出口与就业，同时，通过溢出效应提高地区生产技术和管理水平，进而带动地区经济发展。爱尔兰香农自由贸易区是全球第一个出口加工区，具备先进的基础设施，空运、陆运与海运便利，科研实力雄厚，具有完备的产学研结合模式与高效的配套服务业。区内企业涵盖了生物制药、电子设备制造、航空运输、融资租赁、金融服务、物流管理、信息技术、研发中心以及工程设计等多个高科技服务产业。我国台湾出口加工区也是全球出口加工区建设成功范本之一，区内基础设施完善且费用低廉，企业自用设备、原材料、半成品的进口和最终产品的出口免征关税。区内企业运营初期可免营业税、商品税和企业所得税，后期税率也远低于区外，再投资则减免所得税。为了建设高科技高附加值产业主导型出口加工区，设立了海空联运型仓储转运区，将关键零部件和半成品的装配加工吸引到区内，后经运输、仓储和加工，最后将最终产品销往世界各地，成为集航运、金融、商贸和科技于一体的产业综合体。

科技工业园区（Science-based Industrial Park）是为发展高科技产业而设立的一种自由贸易园区形式，其核心特征为产学研结合模式，形成集科学研究、应用开发、产业孵化和商业化于一体的产业综合体。在现有经济和科技基础上搭建知识密集、技术密集和对外开放环境，通过税费优惠吸引国外先进技术、优质资本和管理方式，将高新技术创新转化为生产率的提升。科技工业园区中最具代表性的当属美国硅谷和日本筑波科学城，美国硅谷由斯坦福工业园区发展而来，依托斯坦福大学、加州大学伯克利分校等高校的科研能力，重点发展生物、空间、海洋、通信、能源和材料等高新技术产业和与之相配套的风险投资产业。

设立自由贸易园区的核心目标在于消除海关监管和关税等贸易壁垒，实行“一线放开、二线管住、区内自由”管理制度，自由贸易园区的“境内关外”性质导致其管理制度的特殊性，通常采用监管与运营分离模式。以政府为主导，负责监督管理职责。而管理机构在运营过程中创新其运营管理方式，其核心在于便利化。因此，在政府监管层面，自由贸易园区监管重点在于园区与境内之间，通常不干预区内企业经营活动。例如，美国对外贸易区的最高管理机构为对外贸易区委员会，委员会成员包括商务部部长、财政部部长、海关及其他相关管理机构人员。主要负责制定对外贸易区的管理规则，审批各州对外贸易区的设立及监督对外贸易区的运行情况。海关通过网络监管对外贸易区，其监管重点为进出口货物流量和区内库存变化。海关一般不在区内设立派驻机构，不直接干预区内企业的经营活动。对外贸易区委员会授权法人机构来管理运营对外贸易区，授权机构作为对外贸易区的实际经营管理者，可对具体运营事宜做出管理制度的调整，包括对区内企业的日常管理、基础设施管理以及便利化措施的实施等，通过运营者的管理创新能够有效地优化区内软硬发展环境。联邦政府统一管理和各州自行管理相结合的管理模式有利于全国对外贸易区的协调发展和地方优势的发挥，进而有利于保持对外贸易区长期发展和活力。巴拿马科隆自由贸易园区内海关官员办事机构对区内货物流转和企业经营不予干预，只监管进区、出区业务。为提高贸易的速度和通关效率，海关机构将进口、出口和转口手续合并为统一的表格。智利伊基克自由贸易园区海关负责货物进出口、转口手续的审核和监察，不直接监管区内企业。区内经营者只需缴纳一定的注册费，就可以拥有海关豁免权。新加坡自由贸易区实行政企分离的管理模式，管理机构为新加坡国际港务集团、民航局和裕廊镇管理公司，其中，樟宜机场自由贸易区由新加坡民航局管理，裕廊港口自由贸易区由裕廊镇管理公司管理，其他自由贸易区均由新加坡国际港务集团管理。货物可在自由贸易区内自由运输，海关不予干涉。

在运营管理方面，自由贸易园区管理核心在于区内企业经营活动便利化的提高。新加坡自由贸易区率先启用贸易管理电子平台（Trade Net）连接海关、检验检疫和税务等政府管理部门，审批程序均可在该系统中完成，大幅提高物流通关效率。从境外进入自由贸易区的货物，在到达后 24 小时内向海关提交入境仓单。从自由贸易区再出口的货物，出境后 48 小时内向海关提交出境仓单。货物抵达自由贸易区后 4~6 小时内，托运者可凭进口报单和仓单到货运站提货。荷兰鹿特丹港自由贸易园区采用信息化平台对通关货物进行管理，并对保税仓储进行分级管理，无须人工干预，大幅提高物流效率。韩国仁川机场自由贸易区拥有先进的电子通关系统（UNI-PASS），可实现完全电子化的进出口通关，能够提供一站式通关服务以及全天候24小时服务。德国汉堡港的数据通信系统（DAKOSY）可与铁路、海关和汉堡及腹地的物流链进行互联,实现电子化报关。美国对外贸易区通关服务以及全天候24小时服务。美国对外贸易区经营管理者对进出口货物实行网络化实时监管，与之互联的海关通过网络实时掌握货物进出口动态，海关的自动化商业环境系统实现了海关、贸易相关方和政府机构信息连通以及税费支付电子化。

综上所述，国际通行自由贸易园区是指某一国家或地区为了发展外向型经济而划定的具备“境内关外”性质的隔离区域，区内实行优惠政策和特殊监管制度。通常实行“一线放开、二线管住、区内自由”管理制度。国外商品进出自由、无须缴纳关税、不受海关的正常监管；国内商品入区视为出口、区内商品的仓储运输、展示、销售和加工等活动自由，监管部门不干预，进入关境内的商品则需缴纳关税；区内贸易、投资自由，资本和人员流动自由。系统分析了国际通行自由贸易园区的建设和发展经验，可以看出，自由贸易园区的产业功能从发展国际贸易的单一功能向高新技术产业、服务业和国际贸易等多产业综合化升级。国际通行自由贸易园区普遍实行监督与运营分离的管理制度，政府相关部门负责监督自由贸易园区与区外之间的联系，由授权相关机构负责自由贸易园区内部具体运营事务，自由贸易园区内部管理的核心在于贸易便利化。国际通行自由贸易园区都采用了电子信息化管理方式，减少人工干预，大幅提高了园区运营效率。全球自由贸易园区的成功发展需要政府的支持，国家在收税、投资准入、金融自由化和海关监管等政策方面都对自由贸易园区的发展给予了支持。

第二节
国内自由贸易园区文献综述

20世纪70年代，我国开始对自由贸易试验区进行研究，初始阶段主要研究世界各地影响力较大的自由贸易园区的基本概况与运行规则，为我国未来建设自由贸易园区提供发展经验借鉴，研究也表明国际上自由贸易园区大多设立在发达国家和地区。早期，郭信昌（1987）开始着重研究我国台湾自由贸易园区与香港自由港区发展经验，同时对自由贸易园区理论问题进行阐述，以及将我国经济特区建设和国外自由贸易园区进行比较研究。从世界范围的角度，李琳（2004）分析自由贸易园区主要分布于西欧和北美等一些发达的资本主义国家，发展中国家仅建设一小部分大型自由贸易园区，并认为自由贸易园区通常是优良港口或港口的一部分。随着我国对外开放的推进，20世纪80年代末90年代初，在我国第一个保税区成立后，学者们开始对我国的保税区和世界自由贸易园区进行比较分析。随着保税区的进一步发展，部分学者开始深入研究保税区向自由贸易园区的转型问题以及对建立自由贸易园区的探讨。韩景（2008）认为，我国保税区主要集中于沿海开放地区，并且依托港口建立，将会对内陆地区具有较强辐射带动作用。保税区发展过程中管理体制不协调、从产业发展不平衡问题突出，保税区逐步向出口加工、保税物流园区进行转型。陈代芬（2007）认为，保税园区具有“保税区＋港区”资源整合，以及出口加工区退税优势联合。而综合保税区是发展自由贸易园区试验基地，整合保税区与物流园区、保税港功能，实现三区联动。同时，也作为扩大对外开放与促进国际经济合作重要发展平台，吸引大量外商投资、学习先进的技术管理经验，促进产业结构优化、发挥辐射带动作用。

随着世界经济自由化进程的加快，各区域经济自由化协议谈判：双边投资协议、跨太平洋伙伴关系协议、跨大西洋贸易与投资伙伴协议以及诸多服务贸易协定的全面启动，将重新制定全球贸易规则以及提高投资与贸易准入门槛。高规格的贸易及投资准则把中国挡在了协定关系国门口之外，全球生产布局和国际贸易规则体系面临着重构的危险。首先，这次重构将使制造业向智能化方向发展，使服务业向数字化方向发展，制造业和服务业逐渐融合在一起，全球的生产面临重新布局的危险；其次，国际贸易规则制定逐渐向投资规则领域转变，而对贸易规则的关注越来越少；最后，中国的 GDP 总量已位居全球第二，在经济新常态的形式下经济结构需要不断调整、转型和升级，经济增长速度进入减档期，面临很大的下行压力，这就需要进一步扩大对外开放和实行开放型经济新体制，从中谋求中国经济增长的新动力。而自由贸易园区的建设和推广恰恰是我国当前实施对外开放的国家战略，是我国突破美国、欧洲等国家在国际贸易领域对我国封锁的重要举措。在当前的经济自由化格局下，我国为进一步参与全球分工和融入世界经济，我国将建立自由贸易试验区，作为我国对外经济的窗口。我国自由贸易试验区的发展是一个复杂的动态变化过程，我国自由贸易试验区发展不仅在空间上自东向西分布，试验区功能也在不断扩展。1990 年，我国第一个保税区上海外高桥保税区成立，保税区初期产业功能以发展保税加工、保税仓储以及出口贸易为主。之后由国务院批准，产业功能不断扩展，由进出口贸易扩大至转口贸易与服务贸易，保税仓储拓展成仓储、运输和配送一体化的综合服务，由简单的保税加工深入到高新技术产业。1991 年从上海试点推广至天津港、深圳福田两个保税区；1992 年又进一步推广到大连、宁波、厦门象屿、福州和广州五个保税区；到 1996 年，我国共成立了 15 个保税区。我国以渐进式扩大贸易开放路径，本质上是一条制度变迁路径，通过从保税区到自由贸易试验区的渐进式制度变迁来服务于国家开放战略的阶段性需求，实现扩大贸易开放。1990 年为了配合国家对外招商引资而开始试点推广保税区模式；2000 年为了配合国家扩大出口战略而开始试点推广出口加工区模式；2003 年为了解决出口退税问题的保税物流园区模式以及推动边境地区扩大开放的跨境工业区模式；2005 年促进区港一体化的保税港区模式；2006 年整合优化各类自由贸易区功能作用的综合保税区模式；2013 年为构建开放型经济新体制及加快政府职能转变，在上海四个海关特殊监管区开始探索新型自由贸易试验区模式。林毅夫（1993）认为我国应建设具有中国特色的自由贸易试验区，采取渐进式扩大贸易开放路径。我国建设自由贸易试验区有两条路径选择：其一是从小范围开始试点到取得成功经验后向更大范围推广，由点到面推广到全国；其二是非激进改革，保障制度变迁过程中的稳定性、有效性和可持续性。从 2013 年我国成立第一个自由贸易试验区形式来看，采取第一条由点到面推广路径。接下来自由贸易试验区（FTZ）的研究成果开始涌现，主要是对自由贸易试验区的概念内涵和管理体系模式的分析。同时，出现较多学者探讨我国建立自由贸易园区的可行性以及分析自由贸易园区对区域经济发展的效益和重要性。张汉林等（2013）认为自由贸易试验区经济功能主要通过政策优惠和特殊制度安排来优化投资环境，引进国外资金、技术等来发展地方经济，并且认为我国自由贸易试验区的发展应该结合区域发展和自由贸易协定战略。沈家文、刘中伟（2014）通过将全球自由贸易园区的发展经验与上海自由贸易试验区带发展状况进行比较分析，提出立足中国自由贸易试验区整合的客观实际，发展以投资自由化、金融开放化、贸易便利化和物流通畅化为核心的自由贸易试验区将是我国未来的主要发展方向。李志鹏（2013）认为自由贸易试验区从本质上说不是产业形态问题，而是政策和制度的设计问题，核心是要积极创新便捷高效的监管体制及高效便利的服务体系，并按照产业功能、地理区位和运营主体对自由贸易园区的类型进行归纳总结。夏善晨（2013）依据功能特点将自由贸易园区分为转口集散型、贸工综合型、出口加工型、保税仓库型和商业零售型。除了对自由贸易园区的概念内涵进行探讨，有较多的学者从金融创新、制度设计、法律监管等各方面来研究我国的自由贸易试验区，探讨我国自由贸易园区建设的经济效应以及可能面对的风险与挑战及其对策建议。丁国杰（2014）从制度创新、功能溢出和产业带动三个维度分析了自由贸易园区在金融、贸易和航运方面的影响效应。张明等（2013）认为上海自由贸易试验区建设存在套利行为难以监管、负面清单流于形式、监管思路待转变、改革红利沦为政策红利等问题与挑战，并为此提出相应的应对策略。吴思（2013）认为上海自由贸易试验区建设可能出现适用法律不一致、监管思路创新、政策开放度的把握以及要素如何为实体经济服务等诸多挑战。殷为华等（2016）提出自由贸易园区的核心区位因素包括产业基础、交通条件和市场功能，并认为中国发展自由贸易试验区必须重视市场经济、治理体系、产业内外贸联动、运作机制体制及法律监管制度等问题的应对。同时，学者们开始重视自由贸易试验区对城市经济增长影响的研究，如对城市与区域发展的带动作用、港口发展的影响以及产业发展的影响均有一定的成果，对产业的影响研究多聚焦于服务业，尤其是服务业中的金融业。

自由贸易试验区是我国改革开放的先锋，是新型外商投资管理、贸易便利化和政府职能转变的试验田。从2013年上海自由贸易试验区挂牌成立，2014年底开始扩区、扩容，突破“自由贸易区”的试验界限，把试验区从离岸保税区扩大到在岸试验区，到2016年8月底，国家宣布，在东部、中部、西部地区再新设7个自由贸易试验区，广东、天津、福建自由贸易试验区顺势成立，再到辽宁、浙江、河南、湖北、重庆、四川、陕西七个自由贸易试验区的成立，形成“1+3+7雁阵式”自由贸易试验区布局。2018年党中央决定支持海南全岛建设中国（海南）自由贸易试验区，2019年，国务院印发《中国（山东）、（江苏）、（广西）、（河北）、（云南）、（黑龙江）自由贸易试验区总体方案》，新设6个自由贸易试验区，使我国自由贸易试验区建设迎来新飞跃，对外开放版图加速成型，将引领我国经济发展走向高质量发展之路。迫于世界环境的日益复杂，出现严重保护主义、单边主义等，使我国不断新设自由贸易试验区，采取新的开放行动，以更高水平的开放建设开放型世界经济。同时，建设自由贸易试验区也是我国自身发展经济的内在需求，2019年是我国决胜全面建设成小康社会第一个百年奋斗目标的关键之年，需要通过更深层次的改革、更高水平的开放进一步推动经济高质量发展。当前，自由贸易试验区建设格局，将实现我国沿海省份自由贸易试验区全面覆盖与首次在沿边地区布局自由贸易试验区。随着最新自由贸易试验区的落地，我国自由贸易试验区占领全国省份数量一半以上，区域覆盖东北、华北、华中、华南、西北、西南六大板块，构建起对外开放新地区构架，将有助于全国各地区对外开放均衡。自由贸易试验区在本次扩容后，将构建东中西协调联动、海陆统筹发展的全方位与高水平区域开放全新格局。从战略上来看，建设自由贸易试验区既能服务“一带一路”建设、京津冀协同发展、长江经济带发展、粤港澳大湾区建设等重大战略，又能服务于西部大开发、振兴东北老工业区基地、中部崛起、东部地区率先发展等区域发展战略。近几年来，我国中部西部以及沿边地区发展自由贸易试验区，依托自身资源优势与贸易水平发展出口加工区、对外贸易结构升级等，使各自地区经济发展得到良好发展。

纵观我国自由贸易试验区建设过程，从 1990 年上海外高桥保税区的设立到 2013 年上海自由贸易区的成立以及后续的不断发展，在此期间，我国经济发展经历了从加入 WTO 到全球金融危机爆发，再到“一带一路”倡议提出，为了满足本国经济发展的内在需求以及应对全球经贸形势转变的外部挑战，我国自由贸易试验区的管理制度和产业功能均发生了明显的改变，并已经开始在区内先试先行“负面清单”和“准入前国民待遇”等与国际接轨的管理制度，并将开放领域从货物贸易拓展到服务贸易领域，以适应生产要素流动的全球化趋势，推动本国产业结构升级与经济转型。我国自由贸易园区概念囊括了保税区、出口加工区、保税物流园区、保税港区、综合保税区和自由贸易试验区保税片区 6 种类型，其核心产业功能为加工制造、国际贸易、商品展销和保税物流，其重点在于促进外向型经济的发展。

第三节
管理体制研究文献综述

自由贸易园区作为经济全球化、贸易自由化下的一种特殊经济区域，其管理体制是其管理机构与经营机构在权力支配、组织设置、资源配置、经营体制、政策监管、法律法规等关系的总和。从管理体制的角度着手进行研究，国际上对于自由贸易园区管理体制的研究观点主要分为两种：一是否定政府监督和管理对于自由贸易园区发展的作用，认为政府管理部门对于自由贸易园区的作用仅限于提供便利的基础设施和制定法律法规等方面，而自由贸易园区管理体制的改革优化应表现为从各个方面避免政府的干预；二是认为政府应适当的监督管理可为自由贸易园区营造更加良好的市场环境，政府放松管制不应该成为不需要或者减少政府管理的代名词，应该是重新优化调整政府的相关职能的过程。

戴拉奥伦斯坦（2011）认为政府部门应该为自由贸易园区提供便利的基础设施和制定法律法规，而不是强化和优化管理监督职能，通过对美国对外自由贸易区发展历程的梳理，认为美国对外自由贸易区的《自由贸易区法案》通过，政府部门取消一定进口产品关税的征收，并且在一定程度上弱化政府部门的监督与管理作用，进而美国进出口贸易与国内经济得到迅速发展。海伦斯德瑞（1991）研究了马来西亚自由贸易园区政府部门的管理体制和方法，指出马来西亚政府对自由贸易区采取选择性干预的方式，也就是针对不同的事项采取不同的政府管理措施，尽量减少政府管理和监督对于自由贸易园区内企业发展的影响，对特定领域的事项采取必要的干预措施。与此相对，巴巴拉等学者认为在自由贸易园区内政府通过优化监督和管理职能，可以有效地促进自由贸易园区的经济发展。巴巴拉（2014）认为，自由贸易园区政府的放松管理不应该成为不需要或者减少政府管理的代名词，应该是重新优化调整政府的相关职能的过程。企业在投资和贸易等环节面临着信息缺失的困境，而自由贸易园区政府的有效管理可为企业提供支持，有助于它们突破困境。切尼克（2014）研究中表示，自由贸易园区管理部门发挥监督管理职能如监管、审查等是非常重要的，海关、审计部门对于企业实施的监督和管理措施，可促使自由贸易园区内企业遵循严格的财务和管理等制度。

而我国学者对于自由贸易园区管理制度的研究主要集中在对国外自由贸易园区经验的分析，并为我国自由贸易试验区建设提供有益的经验。同时，基于我国特色社会主义基本国情，我国多数学者认为自由贸易园区的发展需要政府必要的监督与管理。孟庆友、徐士元等（2014）认为国外成功自由贸易园区管理体制总体呈现出宏观管理与微观管理的关系，由政府主导向市场契约授权转变，微观经营机构企业与政府管理的行政监管法制化，使政府行政管理对市场控制边界清晰。同时，他们指出宏观管理机构与微观管理机构的层级结构可分为二层制和三层制。二层制指中央管理部门既代表国家行使对自由贸易区的宏观管理职权，又直接领导、监管自由贸易区的经营管理机构；三层制指中央管理部门代表国家行使对自由贸易区的宏观管理职权，但并不直接管理自由贸易区，而是委托所在区地方政府代管经营机构。无论是发达国家还是发展中国家，郑言（2014）认为随着自由贸易园区不断地发展，各自由贸易园区已经形成各具特色的管理制度。他认为自由贸易园区管理体制主要分为两个层次：一是中央政府自上而下的管理制度；二是自由贸易园区内部管理体制。自由贸易园区的中央政府管理体制，具体是指由中央政府实施对园区的管理而形成的组织结构形式，主要有两种形式：一种是专管体制，另一种是代管体制。专管体制，是指所在国家或地区的中央政府为实施对自由贸易区的管理而成立专门从事自由贸易园区事务管理的独立机构，负责有关自由贸易园区的宏观决策、宏观调控，同时也是对园区的发展进行监督和协调的最高行政机构。例如，美国在中央管理层面实行的是专管体制，美国对外贸易管理委员会为美国对外贸易区管理机构，该委员会领导机构由三位主要成员组成，委员会主席和执行长官由商务部部长担任，海关和对外贸易区协会是两个协助对外贸易区委员会工作的重要机构。代管体制，是指自由贸易园区所在国家或地区的中央政府没有专门从事自由贸易园区事务管理的独立行政机构，政府将管理权委托给特定政府职能部门来执行管理权的体制。而根据区内管理机构的性质、权限划分及管理方式，自由贸易园区内部管理体制划分为三种模式：①政府主导型模式，是指区内管理机构一般由地方政府或其派出机关、所在地区的地方海关部门或港务局直接承担，它们全权负责区内的一切事务，不仅履行必要的行政管理、监督、检查等职能，而且直接参与和承担区内经济建设和开发的职能。②企业主导型模式，是指区内不设立专门政府管理机构，而是由政府通过法律途径授权一家专业管理公司，专门从事区内的开发建设和经营管理工作，同时也代行部分行政管理职能，并提供投资服务。这种管理公司可能是私营，也可能是国营或者合营的，但它不属于政府行政机构，它是具有法人地位与权利、代行部分政府职能的实体，在区内进行公司化管理、市场化运作，并对授权政府负责。在形式上一般是由一个董事会或理事会及其领导下的由一些职业经理人或专业人士组成的执行或办事机构组成。这种管理模式的优点在于可以充分利用社会资源，节约政府管理成本，较为灵活、高效。这种管理模式较适用于市场化运作较为成熟，或者范围较小且功能和产业相对单一的园区。③政企结合模式，是一种介于政府主导型和企业主导型之间的模式，它既非纯粹的企业化的管理，也非纯粹政府行政化的管理，而是政府主导模式和企业主导模式的混合。在管理机构的设置上，强调明确的分工，按照工作性质设置职能部门。区内管理机构既有政府职能部门，也包括企业化的管理公司，但两者之间是相对独立存在的。

纵观我国自由贸易园区发展历程，从保税区发展到自由贸易园区，早期国内对保税区管理体制做出一些专门研究，李力（1996）从保税区管理体制的基本特点、管理机构的主要形式、自由贸易园区规划、建设和土地使用管理，及保税区管理体制的基本类型等方面对自由贸易园区的管理体制进行了介绍。成思危、高海乡（2003）对我国自由贸易园区管理体制给出了具体的建议，从管理学的角度比较分析了国际上通行的自由贸易园区管理体制，并分析了我国自由贸易园区适用的管理体制基本架构，从宏观和微观的层面论述了我国自由贸易园区的管理体制模式和管理体制的实现机制。随着我国自由贸易试验区建设的不断成熟，我国学者对自由贸易试验区研究不断深入。夏善晨（2013）认为自由贸易园区政府应强化公共服务职能，政府应秉承着灵活、高效的原则，重新进行制度安排。唐健飞（2014）在其研究中指出，自由贸易园区的发展对行政管理体制提出了新的要求，在政府的管理体制优化中应注重多元市场参与度，政府是自由贸易园区管理的主导方，同时应调动社会多方参与的积极性。陈娇娇（2016）阐述了良好的自由贸易园区运行需要高效的政策环境和政务服务模式，政府探索投资贸易方面的管理体制有助于吸引外商投资，增强自由贸易园区的竞争力。阮文蜻（2018）认为，营造国际化的营商环境是自由贸易园区政府的重要职能之一，应从优化政府管理职能着手，打造透明的政务环境，切实转变政府的管理理念和工作作风；此外，还应以国际化的标准和视角，打造便利投资和贸易的营商环境，加强基础设施建设，完善仲裁等多种机制。尹晨、周薪吉、王讳馨（2018）立足于“一带一路”的背景，指出上海自由贸易园区管理部门应建立国家级海外投资风险管理中心，不断总结发展经验和成果，形成在国际上有利于我国贸易和投资的制度体系，并推广向国内其他自由贸易园区，以防范国际风险；此外，要加强与金融中心等机构的合作，建设国际保险中心，应对金融风险。通过对国内外自由贸易园区管理体制建设的分析，根据我国实际国情，在宏观上我国自由贸试验区管理体制建设采取专管制。在微观层面，我国自由贸易试验区由政府主导管理，各地自由贸易试验区大都采取省级管理委员会与地方政府合署管理，并根据各省份发展情况设立职能部门。

第二章

我国自由贸易试验区发展现状

第一节
我国自由贸易试验区建设背景

一、自由贸易试验区的定义

20 世纪 70 年代，《京都公约》将自由贸易园区解释为一国境内的部分区域，进入该区域的任何货物，将免于实施海关监管税收措施，有些国家也将称为自由贸易港。Ignatov 与 Boutov（1997）将自由贸易园区定义："一国为推进国际贸易、宏观经济以及社会、科学、技术的发展，给予其地理范围内的内外资企业以特殊待遇与条件的有限领土、海港与航空港。"Chnietal（2011）进一步描述自由贸易园区为通过提供免税机制和简政放权来引进国外投资与经济活动的区域。但在世界范围中关于对自由贸易区定义模糊不清，主要存在两种自由贸易区概念，其一，由世界贸易组织（World Trade Organization，WTO）界定为自由贸易区（FTA）；其二，由世界海关组织界定的自由贸易园区（FTZ）。FTA 是指两个及两个以上的国家或区域为降低贸易成本和提高外贸效率，制定一系列给予双边或多边优惠的贸易规则而成立的区域组织。全球先后成立许多自由贸易区，如欧洲自由贸易区、中欧自由贸易区、北美自由贸易区等。其中，中国—东盟自由贸易区于 2011

年成立；欧洲自由贸易区后来发展成为欧盟，也都是属于FTA范畴。FTZ是指一个国家或地区根据其法律在境内划分出一块或者多块区域进行自由贸易，在此区域内，政府部门会制定出监管政策与区别于其他地区的税收优惠等，为了促进本国对境外的贸易，创造较宽松的经济环境让企业走出去与吸引更多的境外企业等。如上海自由贸易试验区、广州自由贸易试验区等属于FTZ范畴。两种概念定义不同，但两者的目的都是为了减少交易成本，提高外贸效率，提升要素流动速度，促进经济繁荣发展。此外，两者最大的不同在于，FTA是国家在让渡部分主权的基础上，在特定区域内将多个国家或地区统一，施行统一的对外政策，从而降低外贸成本与促进同盟国之间的经济发展。FTZ是一个国家对外开放一部分，采用围网隔离的方式，实行“境内关外”的管理制度，是国家为促进贸易出口等采取的措施。

二、建设背景

全球贸易竞争愈演愈烈，各国通过发展和加强多边区域贸易获得利益。此时，欧洲、美国、日本等经济发达国家和地区试图快速建立新的经济体制，代替世界贸易组织并对经济结构做出新的创举。我国面对新时代新的游戏规则，将采取相对应的策略，为此，我国选定上海设立自由贸易试验区，同时具备地理优势与经济优势，主动顺应时代脚步，将加大开放力度。

同时，建设自由贸易试验区也是中国改革本身的需求，也根据国内外经济形势变化提出。自2001年中国加入世界贸易组织以来，借助相对自由的国际贸易环境，深度融入经济全球化，不断实现自身经济高速增长。然而，2008年，由美国引发的经济危机迅速蔓延全球，我国也不能摆脱金融危机与经济衰退。我国面临产能过剩、库存积压、产业结构需要转型升级等多种问题，自由贸易试验区的设立成为我国改革开放新阶段的关键。自由贸易试验区的目标是在“自利”的基础上达到“互利”，自由贸易试验区是中国在经济全球化过程中，开展的一场不断探索与不断前进的“试错”试验。在这场必须进行攻守兼备的竞争中，我国面临两种发展路径的选择：一是在国内建设自由贸易试验园区，为进一步深化改革提供经验；二是我国将与当前或者未来的重要经贸合作伙伴建立在贸易、投资等多领域建立跨境自由贸易区。为了在更大范围、更广领域、更高层次方面进行合作，根据我国实际国情与借助“一带一路”倡议，在国内建设自由贸易试验区，同时，根据“一带一路”沿边国家建立自由贸易区，为双边、多变跨境贸易合作提供更多平台。

我国自由贸易试验区建设具有重大意义：首先,在当前国际背景下,为了与全球贸易深入对接，由我国自主定义的自由贸易试验区，表明自由贸易试验区的建立是在为我国经济领域的扩宽以及为区域和多边合作经验的积累打基础，为与其他发达国家谈判做准备等体现了我国积极创立新的经济制度和想要参与国际分工的重大决心，为完成全球贸易相对接提供条件。其次，我国想要打造国际化人民币，解决人民币在海外能够拥有大量的储备的问题。人民币的跨关境使用规模虽然不小，但因为贸易交易发行的人民币占货币总量的比重仍旧很小。只有创建资本既能回流又能闭合的盈利机制，同时营造可扩展性的金融市场，才能大幅度提升人民币在海外的总量。目前，我国只有上海拥有最大优势且最全面的交换场所，同时具备要素和银行之间的交易市场将会使上海在全国成为人民币收益分布最广的区域。在上海设立自由贸易试验区之后，如同为庞大的金融体系构建一个蓄力待发的缓解区，从而推动人民币国际化。再次，自由贸易试验区的建立，不同于以往只是利用优惠政策，而是更加注重制度的创新以及赋予自由贸易区更多的自主权利，让市场导向发挥作用，而不需要政府的干预。政府在其中的职能是做好管理规划的服务型政府。最后，将引领我国全面深入改革开放。自由贸易试验区的建立将促进全球经济和贸易更加积极主动地对外开放。因此，自由贸易试验区建立将是一项重大改革与创举。建设自由贸易试验区的首要任务是开辟新的路径，以及探索中国对外开放的世界新模式，积极开创管理模式的创新，扩大服务业；其次要加快建设我国的投资贸易便利渠道，使其有能力成为一个新的经济改革水平的“试验田”，并且发挥模范作用，通过本区的发展促进各个地区共同发展，进而使整体局面进入全面深入改革开放。

三、演进历程

随着全球经济发展到一定阶段，各国之间贸易往来与经济融合更加频繁，而世界贸易组织在其中的作用已经日渐式微。各国开始尝试在国内小范围内建立自由贸易区，使区域经济一体化得到积极推动，我国自由贸易试验区形态的形成是一个不断发展和演进的过程。

自党的十一届三中全会以来，我国确立“对内改革对外开放”路线，在对外贸易形式上发生巨大变化并设立专门机构，对我国外贸经济进行管理。20 世纪 90 年代，上海设立了中国第一个保税区——上海外高桥保税区，随后，国务院陆续批准 14 个保税区和一个享有保税区优惠政策的经济特区。截至 2000 年 6 月，我国已设立 60 多个出口加工区，多分布于沿海沿江地区。2003 年 12 月，国务院批准建立区港联动保税物流园——上海外高桥保税物流园区，又先后在多地区设立 9

个保税物流园区。紧接着，国务院办公厅正式批准设立珠澳跨境工业区和设立综合保税区、保税港区。2013 年 12 月，为达成自南向北、自东向西，由沿海向内陆延伸的自由贸易试验区战略部署，国务院批准设立第一个自由贸易试验区——上海自由贸易试验区。至此，我国从第一阶段的保税区发展至自由贸易试验区形态形成，这标志着我国将开放更高层次、政策更加优惠、功能更加齐全、手续更加便捷的特殊开放区域。我国自由贸易试验区形态演进如表 2-1 所示。

表 2-1　我国自由贸易试验区形态演进

第一阶段	第二阶段	第三阶段	第四阶段
保税区	保税物流中心	综合保税区	自由贸易试验区
主要功能			
仓储物流	仓储物流	仓储物流	仓储物流
加工制造	加工制造	加工制造	加工制造
对外贸易	对外贸易	对外贸易	对外贸易
商品展示	商品展示	商品展示	商品展示
	国际中转	国际中转	国际中转
	国际采购	国际采购	国际采购
	分销配送	分销配送	分销配送
		检测及售后服务	检测及售后服务
		产品研发	产品研发
		港口作业	港口作业
			离岸金融
			离岸贸易
			离岸外包

资料来源：笔者根据相关资料整理获得。

第二节
我国自由贸易试验区简介

中国推进自由贸易试验区建设是适应经济全球化、区域一体化发展的时代潮流，中国自由贸易试验区经历了由点到线再扩展到面的发展，逐步形成由南到北、由东至西的“1+3+7”自由贸易试验区发展格局。五年来，自由贸易试验区试点布局不断完善，释放改革开放红利的试验田作用加快凸显。在武汉举行的第一届中国自由贸易试验区发展论坛中，发展报告称，自由贸易试验区成为区域贸易和投资增长的重要引擎。2018 年，11 个自由贸易试验区实际利用外资 1073.14 亿元人民币，占全国 12.12%，成为引资新高地。另外，自由贸易试验区也成为所在地区进出口的主体。2018 年，11 个自由贸易试验区实现进出口额 3.74 万亿元人民币，占全国 12.25%。报告还指出，在统筹区域发展上，自由贸易试验区不追求经济发展的“平均”，其总体布局考虑中国东部、中部、西部地区发展实际，推动形成东部、中部、西部地区协同发展、良性互动格局。其中，东部自由贸易试验区探索前沿领域的改革开放；中西部和东北部自由贸易试验区探索传统领域的改革开放。[①]

① 第一届中国自由贸易试验区发展论坛发布《中国自由贸易试验区发展报告》(2019)，详见 http://www.360kuai.com/pc/96152e83a376cdae2?cota=3&kuai_so=1&sign=360_57c3bbd1&refer_scene=so_1。

一、上海自由贸易试验区

我国自由贸易试验区成立时间较短，对外而言，我国自由贸易试验区的建立是为了顺应经济全球化的发展与全球贸易和投资规则的重构；对内而言，是为推进中国经济全球化进程，推动政府职能转变、提高管理效率，实现经济社会的和谐发展，成为世界看中国进一步开放、中国看世界进一步改革的窗口。2013 年 9 月，我国第一个自由贸易试验区——上海自由贸易试验区正式成立，面积达 28.78 平方千米，涵盖了上海市外高桥保税区、外高桥保税物流园区、洋山保税港和上海浦东机场综合保税区四个海关特殊监管区域。2014 年，将面积扩展到 120.72 平方千米，并增加金桥出口加工区、张江高科技园区和陆家嘴金融贸易区三个区域，最终上海自由贸易试验区由七个区域构成。按区域布局划分：外高桥保税区是全国第一个保税区，于 1990 年 6 月经国务院批准设立，规划面积 10 平方千米。经过 20 多年的发展，外高桥保税区已成为国内经济规模最大、业务功能最丰富的海关特殊监管区域，也是全国第一个“国家进口贸易促进创新示范区”。外高桥保税区做大做强酒类、钟表、汽车、工程机械、机床、医疗器械、生物医药、健康产品、化妆品、文化产品十大专业贸易平台，其中文化贸易平台被文化部授予全国首个“国家对外文化贸易基地”。外高桥保税物流园区是我国第一个保税物流园区，于 2003 年 12 月经国务院批准设立，封关面积 1.03 平方千米。作为全国首个实施“区港联动”的试点区域，可同时享受保税区、出口加工区相关政策和上海港的港航资源。依托“区区联动”“进区退税”等政策功能优势，保税物流园区与外高桥保税区相辅相成、联动发展，是现代国际物流发展的重要基地。洋山保税港区是我国第一个保税港区，于 2005 年 6 月经国务院批准设立，

2012年1月批准扩区，规划总面积14.16平方千米，由小洋山港口区域、陆域部分和连接小洋山岛与陆地的东海大桥组成。洋山保税港区实行“区港一体”监管运作，是上海国际航运发展综合试验区的核心载体，集聚了包括通信及电子产品、汽车及零部件、高档食品、品牌服装等的分拨配送中心，基本形成了面向欧洲和美国的分拨配送基地、大宗商品产业基地，面向国内的进口贸易基地以及航运龙头企业集聚地。浦东机场综合保税区于2009年7月经国务院批准设立，规划面积3.59平方千米。浦东机场综合保税区实行保税物流区域与机场西货运区一体化运作，具有浦东机场亚太航空复合枢纽港优势，是上海临空服务产业发展的先导区。目前已引进包括电子产品、医疗器械、高档消费品等全球知名跨国公司空运分拨中心以及一百多个融资租赁项目，UPS、DHL和FedEx三大全球快件公司均入区发展，一批重点功能性项目已启动运作，浦东机场综合保税区已逐步形成空运亚太分拨中心、融资租赁、快件转运中心、高端消费品保税展销等临空功能服务产业链。陆家嘴金融贸易区是上海国际金融中心的核心区域、上海国际航运中心的高端服务区、上海国际贸易中心的现代商贸集聚区。该贸易区将探索建立与国际通行规则相衔接的金融制度体系，与总部经济等现代服务业发展相适应的制度安排，持续推进投资便利化、贸易自由化、金融国际化和监管制度创新，加快形成更加国际化、市场化、法治化的营商环境，已经成为上海的先进制造业核心功能区、生产性服务业集聚区、战略性新兴产业先行区和生态工业示范区。该贸易区将以创新政府管理和金融制度、打造贸易便利化营商环境、培育能代表国家参与国际竞争的战略性新兴产业为重点，不断提升经济发展活力和创新能力。张江高科技园区是上海贯彻落实创新型国家战略的核心基地。该贸易区将推动上海自由贸易试验区建设与张江国家自主创新示范区建设深度联动，提升张江高科技园区创新力，重点在国家科学中心、发展“四新”经济、科技创新公共服务平台、科技金融、人才高地和综合环境优化等重点领域开展探索创新。[①]

在经济全球化的背景下，要率先形成全国开放新格局中先行试点模型，不仅要与国际制度、法律、运作模式等接轨，而且要为深化我国改革开放提供可借鉴和可推广的模式，上海自由贸易试验区的设立成为国家一项重大发展战略。上海自由贸易试验区建设总体目标：经过2~3年的改革试验，加快转变政府职能，积极推进服务业扩大开放和外商投资管理体制改革，大力发展总部经济和新型贸易业态，加快探索资本项目可兑换和金融服务业全面开放，探索建立货物状态分类监管模式，努力形成促进投资和创新的政策支持体系，着力培育国际化和法治化的营商环境，力争建设成为具有国际水准的投资贸易便利、货币兑换自由、监管高效便捷、法制环境规范的自由贸易试验区，为我国扩大开放和深化改革探索新思路和新途径，更好地为全国服务。在上海自由贸易试验区成立五周年之际，已累计有127项制度创新成果可在全国复制。

二、广东自由贸易试验区

2014年12月，国务院决定设立广东自由贸易试验区、天津自由贸易试验区、福建自由贸易试验区，为完成沿海战略部署，至此我国第二批自由贸易试验区建立。广东自由贸易试验区涵盖三个片区：广州南沙新区片区（广州南沙自由贸易区，面积达60平方千米）、深圳前海

---

① 《中国（上海）自由贸易试验区总方案》。

蛇口片区（深圳蛇口自由贸易区，面积达 28.2 平方千米）、珠海横琴新区片区（珠海横琴自由贸易区，面积达 28 平方千米），总面积达 116.2 平方千米，广东自由贸易试验区建设将立足于面向我国香港特区、澳门特区、台湾地区深度融合。按区域功能划分，广州南沙新区片区将面向全球进一步扩大开放，在构建符合国际高标准的投资贸易[①]规则体系上先行先试，重点发展生产性服务业、航运物流、特色金融以及高端制造业，建设具有世界先进水平的综合服务枢纽，打造成国际性高端生产性服务业要素集聚高地；深圳前海蛇口片区将依托深港深度合作，以国际化金融开放和创新为特色，重点发展科技服务、信息服务、现代金融等高端服务业，建设我国金融业对外开放试验示范窗口、世界服务贸易重要基地和国际性枢纽港；珠海横琴新区片区将依托粤澳深度合作，重点发展旅游休闲健康、文化科教和高新技术等产业，建设成为文化教育开放先导区和国际商务服务休闲旅游基地，发挥促进我国澳门特区经济适度多元发展新载体、新高地的作用。按海关监管方式划分，自由贸易试验区内的海关特殊监管区域重点探索以贸易便利化为主要内容的制度创新，重点开展国际贸易和保税加工、保税物流、保税服务等业务；非海关特殊监管区域重点探索投资制度、金融制度等体制机制创新，积极发展以油品为核心的大宗商品中转、加工贸易、保税燃料油供应、装备制造、航空制造、国际海事服务等业务。其战略定位：以制度创新为核心，以可复制、可推广为基本要求，将自由贸易试验区建设成为东部地区重要海上开放门户示范区、国际大宗商品贸易自由化先导区和具有国际影响力的资源配置基地。

① 《中国（广东）自由贸易试验区总方案》。

三、天津自由贸易试验区

天津自由贸易试验区是我国批准成立的第二批的三个自由贸易区之一，其总面积约为 120 平方千米，主要涵盖天津港片区面积 30 平方千米、天津机场片区面积 43.1 平方千米及天津滨海新区中心商务片区面积 46.8 平方千米。按区域布局划分，天津港片区重点发展航运物流、国际贸易、融资租赁等现代服务业；天津机场片区重点发展航空航天、装备制造、新一代信息技术等高端制造业和研发设计、航空物流等生产性服务业；滨海新区中心商务片区重点发展以金融创新为主的现代服务业。按海关监管方式划分，自由贸易试验区内的海关特殊监管区域重点探索以贸易便利化为主要内容的制度创新，开展货物贸易、融资租赁、保税加工和保税物流等业务；非海关特殊监管区域重点探索投资制度改革，完善事中事后监管，推动金融制度创新，积极发展现代服务业和高端制造业。按海关监管方式划分，自由贸易试验区内的海关特殊监管区域重点探索以贸易便利化为主要内容的制度创新，开展货物贸易、融资租赁、保税加工和保税物流等业务；非海关特殊监管区域重点探索投资制度改革，完善事中事后监管，推动金融制度创新，积极发展现代服务业和高端制造业。其战略定位：以制度创新为核心任务，以可复制、可推广为基本要求，努力成为京津冀协同发展高水平对外开放平台、全国改革开放先行区和制度创新试验田、面向世界的高水平自由贸易园区。[①]

① 《中国（天津）自由贸易试验区总方案》。

四、福建自由贸易试验区

福建自由贸易试验区，总面积约为118平方千米，下辖有平潭、厦门、福州三个片区。其中，平潭片区（面积为43平方千米）是福建自由贸易试验区的核心，平潭片区将重点建设自由港和国际旅游岛，而福州自由贸易试验区（面积为31.26平方千米）则是自由贸易试验区和国家级新区双覆盖的城市。按区域布局划分，平潭片区重点建设两岸共同家园和国际旅游岛，在投资贸易和资金人员往来方面实施更加自由、便利的措施；厦门片区（面积为43.78平方千米）重点建设两岸新兴产业和现代服务业合作示范区、东南国际航运中心、两岸区域性金融服务中心和两岸贸易中心；福州片区重点建设先进制造业基地、“21世纪海上丝绸之路”沿线国家和地区交流合作的重要平台、两岸服务贸易与金融创新合作示范区。按海关监管方式划分，自由贸易试验区内的海关特殊监管区域重点探索以贸易便利化为主要内容的制度创新，开展国际贸易、保税加工和保税物流等业务；非海关特殊监管区域重点探索投资体制改革，推动金融制度创新，积极发展现代服务业和高端制造业。其战略定位：围绕立足两岸、服务全国、面向世界的战略要求，充分发挥改革先行优势，营造国际化、市场化、法治化营商环境，把自由贸易试验区建设成为改革创新试验田；充分发挥对台优势，率先推进与我国台湾地区投资贸易自由化进程，把自由贸易试验区建设成为深化两岸经济合作的示范区；充分发挥对外开放前沿优势，建设“21世纪海上丝绸之路”核心区，打造面向“21世纪海上丝绸之路”沿线国家和地区开放合作新高地。①

① 《中国（福建）自由贸易试验区总方案》。

五、辽宁自由贸易试验区

2017年3月31日，国务院新闻办公室举行新闻发布会，根据“一带一路”、中部崛起与西部大开发等发展战略部署，正式宣布在辽宁、浙江、河南、湖北、重庆、四川、陕西7省市设立“自由贸易试验区”，并公布了详细方案，至此，形成“1+3+7”自由贸易试验区发展格局。辽宁自由贸易试验区的实施范围为119.89平方千米，涵盖三个片区：大连片区面积为59.96平方千米（含大连保税区1.25平方千米、大连出口加工区2.95平方千米、大连大窑湾保税港区6.88平方千米）；沈阳片区面积为29.97平方千米；营口片区面积为29.96平方千米。按区域布局划分，大连片区重点发展港航物流、金融商贸、先进装备制造、高新技术、循环经济、航运服务等产业，推动东北亚国际航运中心、国际物流中心建设进程，形成面向东北亚开放合作的战略高地；沈阳片区重点发展装备制造、汽车及零部件、航空装备等先进制造业和金融、科技、物流等现代服务业，提高国家新型工业化示范城市、东北地区科技创新中心发展水平，建设具有国际竞争力的先进装备制造业基地；营口片区重点发展商贸物流、跨境电商、金融等现代服务业和新一代信息技术、高端装备制造等战略性新兴产业，建设区域性国际物流中心和高端装备制造、高新技术产业基地，构建国际海铁联运大通道的重要枢纽。此外，方案还提出辽宁自由贸易试验区要推进与东北亚全方位经济合作。构建连接亚洲和欧洲的海陆空大通道。建设现代物流体系和国际航运中心。按海关监管方式划分，自由贸易试验区内的海关特殊监管区域重点探索以贸易便利化为主要内容的制度创新，开展保税加工、保税物流、保税服务等业务；非海关特殊监管区域重点探索投资体制改革，推进制造业转型、金融创新和服务业开放。其战略定位：以制度创新为核心，以可复制、可推广为基本要求，加快市场取向体制机制改革、积极推动结构调整，努力将自由贸易试验区建设成为提升东北老工业基地发展整体竞争力和对外开放水平的新引擎。[①]

六、浙江自由贸易试验区

浙江自由贸易试验区的实施范围达 119.95 平方千米，由陆域和相关海洋锚地组成，涵盖三个片区：舟山离岛片区面积为 78.98 平方千米（含舟山港综合保税区区块二 3.02 平方千米）；舟山岛北部片区面积为 15.62 平方千米（含舟山港综合保税区区块一 2.83 平方千米）；舟山岛南部片区面积为 25.35 平方千米。按区域布局划分，舟山离岛片区鱼山岛重点建设国际一流的绿色石化基地，鼠浪湖岛、黄泽山岛、双子山岛、衢山岛、小衢山岛、马迹山岛重点发展油品等大宗商品储存、中转、贸易产业，海洋锚地重点发展保税燃料油供应服务；舟山岛北部片区重点发展油品等大宗商品贸易、保税燃料油供应、石油石化产业配套装备保税物流、仓储、制造等产业；舟山岛南部片区重点发展大宗商品交易、航空制造、零部件物流、研发设计及相关配套产业，建设舟山航空产业园，着力发展水产品贸易、海洋旅游、海水利用、现代商贸、金融服务、航运、信息咨询、高新技术等产业。《中国（浙江）自由贸易试验区总体方案》还提出浙江自由贸易试验区要建设国际海事服务基地。对照国际通行税收政策，增强国际竞争力，探索研究推动油品全产业链发展的政策措施。建设东北亚保税燃料油加注中心，建设国际油品储运基地。依托中国（浙江）大宗商品交易中心，开展原

① 《中国（辽宁）自由贸易试验区总方案》。

油、成品油、保税燃料油现货交易，条件成熟时开展与期货相关的业务。按海关监管方式划分，自由贸易试验区内的海关特殊监管区域重点探索以贸易便利化为主要内容的制度创新，重点开展国际贸易和保税加工、保税物流、保税服务等业务；非海关特殊监管区域重点探索投资制度、金融制度等体制机制创新，积极发展以油品为核心的大宗商品中转、加工贸易、保税燃料油供应、装备制造、航空制造、国际海事服务等业务。其战略定位：以制度创新为核心，以可复制、可推广为基本要求，将自由贸易试验区建设成为东部地区重要海上开放门户示范区、国际大宗商品贸易自由化先导区和具有国际影响力的资源配置基地。[①]

七、河南自由贸易试验区

河南自由贸易试验区的实施范围达 119.77 平方千米，涵盖三个片区：郑州片区面积为 73.17 平方千米（含河南郑州出口加工区 A 区 0.89 平方千米、河南保税物流中心 0.41 平方千米）；开封片区面积为 19.94 平方千米；洛阳片区面积为 26.66 平方千米。按区域布局划分，郑州片区重点发展智能终端、高端装备及汽车制造、生物医药等先进制造业以及现代物流、国际商贸、跨境电商、现代金融服务、服务外包、创意设计、商务会展、动漫游戏等现代服务业，在促进交通物流融合发展和投资贸易便利化方面推进体制机制创新，打造多式联运国际性物流中心，发挥服务“一带一路”建设的现代综合交通枢纽作用。开封片区重点发展服务外包、医疗旅游、创意设计、文化传媒、文化金融、艺术品交易、现代物流等服务业，提升装备制造、农副产品加工国际

① 《中国（浙江）自由贸易试验区总方案》。

合作及贸易能力，构建国际文化贸易和人文旅游合作平台，打造服务贸易创新发展区和文创产业对外开放先行区，促进国际文化旅游融合发展。洛阳片区重点发展装备制造、机器人、新材料等高端制造业以及研发设计、电子商务、服务外包、国际文化旅游、文化创意、文化贸易、文化展示等现代服务业，提升装备制造业转型升级能力和国际产能合作能力，打造国际智能制造合作示范区，推进华夏历史文明传承创新区建设。按海关监管方式划分，自由贸易试验区内的海关特殊监管区域重点探索以贸易便利化为主要内容的制度创新，开展保税加工、保税物流、保税服务等业务；非海关特殊监管区域重点探索投资体制改革，创新内陆地区开放发展机制，完善事中事后监管，积极发展高端制造业和现代服务业。其战略定位：以制度创新为核心，以可复制、可推广为基本要求，加快建设贯通南北、连接东西的现代立体交通体系和现代物流体系，将自由贸易试验区建设成为服务于“一带一路”建设的现代综合交通枢纽、全面改革开放试验田和内陆开放型经济示范区。[①]

八、湖北自由贸易试验区

湖北自由贸易试验区的实施范围达 119.96 平方千米，涵盖三个片区：武汉片区面积为 70 平方千米（含武汉东湖综合保税区 5.41 平方千米）；襄阳片区面积为 21.99 平方千米（含襄阳保税物流中心 0.281 平方千米）；宜昌片区面积为 27.97 平方千米。按区域布局划分，武汉片区重点发展新一代信息技术、生命健康、智能制造等战略性新兴产业

① 《中国（河南）自由贸易试验区总方案》。

和国际商贸、金融服务、现代物流、检验检测、研发设计、信息服务、专业服务等现代服务业；襄阳片区重点发展高端装备制造、新能源汽车、大数据、云计算、商贸物流、检验检测等产业；宜昌片区重点发展先进制造、生物医药、电子信息、新材料等高新产业及研发设计、总部经济、电子商务等现代服务业。按海关监管方式划分，自由贸易试验区内的海关特殊监管区域重点探索以贸易便利化为主要内容的制度创新，主要开展保税加工、保税物流、保税服务等业务；非海关特殊监管区域重点探索投资体制改革，完善事中事后监管，推动金融制度创新，积极发展现代服务业和高端制造业。其战略定位是以制度创新为核心，以可复制、可推广为基本要求，立足中部、辐射全国、走向世界，努力成为中部有序承接产业转移示范区、战略性新兴产业和高技术产业集聚区、全面改革开放试验田和内陆对外开放新高地。[①]

九、重庆自由贸易试验区

重庆自由贸易试验区的实施范围为 119.98 平方千米，涵盖三个片区：两江片区面积为 66.29 平方千米（含重庆两路寸滩保税港区 8.37 平方千米）；西永片区面积为 22.81 平方千米（含重庆西永综合保税区 8.8 平方千米、重庆铁路保税物流中心 0.15 平方千米）；果园港片区面积为 30.88 平方千米。按区域布局划分，两江片区着力打造高端产业与高端要素集聚区，重点发展高端装备、电子核心部件、云计算、生物医药等新兴产业及总部贸易、服务贸易、电子商务、展示交易、仓储分拨、专业服务、融资租赁、研发设计等现代服务业，推进金融业开放创新，

① 《中国（湖北）自由贸易试验区总方案》。

加快实施创新驱动发展战略，增强物流、技术、资本、人才等要素资源的集聚辐射能力。西永片区着力打造加工贸易转型升级示范区，重点发展电子信息、智能装备等制造业及保税物流中转分拨等生产性服务业，优化加工贸易发展模式。果园港片区着力打造多式联运物流转运中心，重点发展国际中转、集拼分拨等服务业，探索先进制造业创新发展。①

十、四川自由贸易试验区

四川自由贸易试验区的实施范围为119.99平方千米，涵盖三个片区：成都天府新区片区面积为90.32平方千米［含成都高新综合保税区区块四（双流园区）4平方千米、成都空港保税物流中心0.09平方千米］；成都青白江铁路港片区面积为9.68平方千米［含成都铁路保税物流中心（B型）0.18平方千米］；川南临港片区面积为19.99平方千米［含泸州港保税物流中心（B型）0.21平方千米］。按区域布局划分，成都天府新区片区重点发展现代服务业、高端制造业、高新技术、临空经济、口岸服务等产业，建设国家重要的现代高端产业集聚区、创新驱动发展引领区、开放型金融产业创新高地、商贸物流中心和国际性航空枢纽，打造西部地区门户城市开放高地；成都青白江铁路港片区重点发展国际商品集散转运、分拨展示、保税物流仓储、国际货代、整车进口、特色金融等口岸服务业和信息服务、科技服务、会展服务等现代服务业，打造内陆地区联通丝绸之路经济带的西向国际贸易大通道重要支点；川南临港片区重点发展航运物流、港口贸易、教育医

① 《中国（重庆）自由贸易试验区总方案》。

疗等现代服务业，以及装备制造、现代医药、食品饮料等先进制造和特色优势产业，建设成为重要区域性综合交通枢纽和成渝城市群南向开放、辐射滇黔的重要门户。按海关监管方式划分，自由贸易试验区内的海关特殊监管区域重点探索以贸易便利化为主要内容的制度创新，开展保税加工、保税物流、保税服务等业务；非海关特殊监管区域重点探索投资、金融、创新创业等制度改革，完善事中事后监管，积极发展现代服务业和高端制造业。其战略定位：以制度创新为核心，以可复制、可推广为基本要求，立足内陆、承东启西，服务全国、面向世界，将自由贸易试验区建设成为西部门户城市开发开放引领区、内陆开放战略支撑带先导区、国际开放通道枢纽区、内陆开放型经济新高地、内陆与沿海沿边沿江协同开放示范区。按海关监管方式划分，自由贸易试验区内的海关特殊监管区域重点探索以贸易便利化为主要内容的制度创新，开展保税加工、保税物流、保税服务等业务；非海关特殊监管区域重点探索投资领域开放、投资管理体制改革、完善事中事后监管，推动金融制度创新，积极发展高端制造业和现代服务业。其战略定位：以制度创新为核心，以可复制、可推广为基本要求，全面落实党中央、国务院关于发挥重庆战略支点和连接点重要作用、加大西部地区门户城市开放力度的要求，努力将自由贸易试验区建设成为“一带一路”和长江经济带互联互通重要枢纽、西部大开发战略重要支点。①

十一、陕西自由贸易试验区

陕西自由贸易试验区的实施范围为 119.95 平方千米，涵盖三个片

① 《中国（四川）自由贸易试验区总方案》。

区：中心片区面积为87.76平方千米［含陕西西安出口加工区A区0.75平方千米、B区0.79平方千米，西安高新综合保税区3.64平方千米和陕西西咸保税物流中心（B型）0.36平方千米］；西安国际港务区片区面积为26.43平方千米（含西安综合保税区6.17平方千米）；杨凌示范区片区面积为5.76平方千米。按区域布局划分，自由贸易试验区中心片区重点发展战略性新兴产业和高新技术产业，着力发展高端制造、航空物流、贸易金融等产业，推进服务贸易促进体系建设，拓展科技、教育、文化、旅游、健康医疗等人文交流的深度和广度，打造面向"一带一路"的高端产业高地和人文交流高地；西安国际港务区片区重点发展国际贸易、现代物流、金融服务、旅游会展、电子商务等产业，建设"一带一路"国际中转内陆枢纽港、开放型金融产业创新高地及欧亚贸易和人文交流合作新平台；杨凌示范区片区以农业科技创新、示范推广为重点，通过全面扩大农业领域国际合作交流，打造"一带一路"现代农业国际合作中心。按海关监管方式划分，自由贸易试验区内的海关特殊监管区域重点探索以贸易便利化为主要内容的制度创新，开展保税加工、保税物流、保税服务等业务；非海关特殊监管区域重点探索投资体制改革，创新内陆地区开放发展机制，完善事中事后监管，推动金融制度创新，积极发展现代服务业和先进制造业。其战略定位：以制度创新为核心，以可复制、可推广为基本要求，全面落实党中央、国务院关于更好发挥"一带一路"建设对西部大开发带动作用、加大西部地区门户城市开放力度的要求，努力将自由贸易试验区建设成为全面改革开放试验田、内陆型改革开放新高地、"一带一路"经济合作和人文交流重要支点。[①]

① 《中国（陕西）自由贸易试验区总方案》。

第三章

我国自由贸易试验区管理体制

第三章

[illegible]

第一节 我国自由贸易试验区组织架构

一、上海自由贸易试验区

当前，上海自由贸易试验区组织架构是在2015年上海扩区后，根据“有利推进、减少震动、强化统筹、有效衔接”的原则进行调整设立。上海自由贸易试验区（见图3–1）总体上分为三层组织架构：首先，上海自由贸易试验区推进工作领导小组及其办公室，其中，领导小组成员由上海市市长、副市长、浦东新区区委书记、相关秘书长和市政府相关部门人员组成，小组办公室设立在发展和改革委员会；其次，上海自由贸易试验区管理委员会以及浦东新区人民政府合署办公，负责具体运营；最后，在自由贸易试验区管理委员会下设立综合协调局、政策研究局、对外联络局三局，而浦东新区人民政府管理原五个片区管理委员会，现为陆家嘴管理局、张江管理局、金桥管理局、世博管理局、保税区管理局五个管理局，在此基础上同时管理新区职能部门。其中，扩区后新增三局，各自承担重大责任，上海自由贸易试验区综合协调局主要职责为：①负责汇总梳理需提交自由贸易试验区推进工作领导小组及其办公室和区委、区政府研究协调的自由贸易试验区的重大事项、重点问题；②按照区委、区政府争取上级部门支持的要求，做好相关沟通衔接工作；③协助新区有关部门和各区域管理局推进自由贸易试验区制度创新、功能拓展；④根据自由贸易试验区年度工作要点和任务分工，负责对新区有关部门和各区域管理局督办、督察、考核等；⑤承担自由贸易试验区管理委员会机关综合及行政事务工作，负责自由贸易试验区管理委员会其他未明确分工的工作；⑥完成领导交办的其他事项。上海自由贸易试验区政策研究局主要职责为：①对标高标准投资贸易规则和国内外发展趋势，围绕自由贸易试验区改革开放创新中的难点问题、热点问题，研究提出战略性、全局性、前瞻性的自由贸易试验区改革发展思路以及问题解决建议或实施方案；②总结提炼自由贸易试验区制度创新、功能拓展等实践成果，组织评估或参与自由贸易试验区发展情况、政策实施情况和改革效果，提出可复制、可推广、可辐射的建议内容；③研究提出自由贸易试验区管理委员会年度重点工作和任务分工，及时研判自由贸易试验区运行形势，了解动态、预测前景、分析问题，及时提出对策建议；④负责自由贸易试验区管理委员会课题管理工作，联络协调市、新区和社会研究力量开展自由贸易试验区重大问题研究，统筹指导各区域管理局做好产业研究、创新研究等工作；⑤承担自由贸易试验区管理委员会综合性文稿起草工作，配合区委、区政府研究室做好新区主要领导涉及自由贸易试验区的文稿起草工作；⑥配合市、新区法制办等部门做好自由贸易试验区规范性文件的起草、审核、备案、公布等工作；⑦完成领导交办的其他事项。上海自由贸易试验区对外联络局主要职责为：①统筹实施自由贸易试验区宣传工作，负责协调新区有关部门和各区域管理局开展自由贸易试验区对外宣传、媒体接待、新闻发布统一归口和推广工作，负责涉及自由贸易试验区的舆情监测、研判和组织应对；②负责落实中央领导、国家部委领导、市领导和外省市领导视察、调研、考察自由贸易试验区的协调安排工作，负责市有关部门以及兄弟地区到自由贸易试验区的考察接待工作，统筹、协调各片区有关接待工作，负责涉及自由贸易试验区的外事团组有关接待工作；③组织开展与自由贸易试验区建设相关的国际交流合作，负责参与自由贸易试验区相关涉外合作项目的协调和推进；负责自由贸易试验区与国内其他区域的合作交流工作；④负责自由贸易试验区官方网站和媒体渠道的建设维护工作；⑤完成领导交办的其他事项。[①] 最终，形成了“3+5+X”的半开放型架构，浦东新区各职能部门成了自由贸易试验区推动“试验”的主体，管理委员会专设部门则成为协调推进机构。

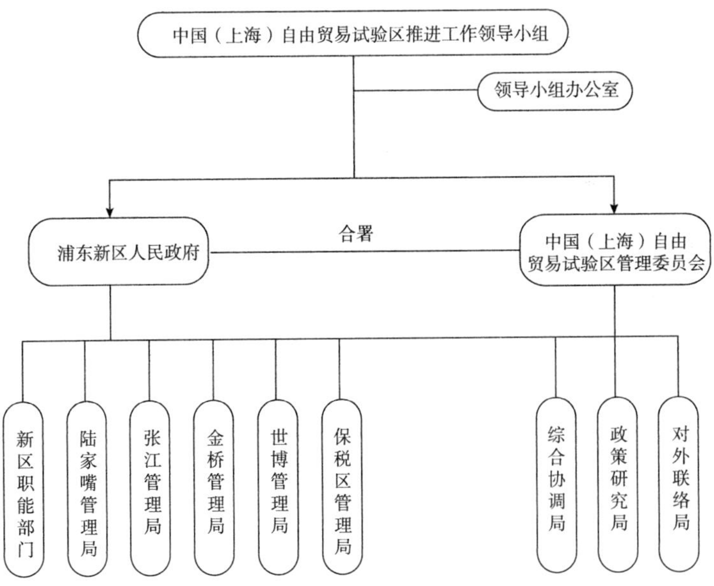

图 3-1　中国（上海）自由贸易试验区组织架构

资料来源：https://www. china-shftz. gov. cn/ InstitutionalFramework. aspx?CID=845655BA-C13E-44A1-B861 -0460EB9F9635& types=O&navType=l。

---

① 上海自由贸易区公开资料，参见 http://www.china-shftz.gov.cn/InstitutionalFramework.aspx?CID=CD10C8D4-D784-4329-8D01-A8D61730D3CF&types=1&navType=1。

二、广东、天津、福建自由贸易试验区

目前，四大自由贸易试验区组织架构基本确定，第二批自由贸易试验区的组织构建基本借鉴上海自由贸易试验区扩区前，广东自由贸易试验区、天津自由贸易试验区、福建自由贸易试验区都设立了工作领导小组及其办公室。在自由贸易试验区推进工作领导小组成员设置上与上海自由贸易试验区也具有相似性，组长由市长或者省长兼任，领导小组副组长则由设计相关片区所属行政区的市长或区长担任。例如，就领导小组组长而言，广东自由贸易试验区由省长担任、天津自由贸易试验区由市长兼任、福建自由贸易试验区由省委书记担任，而副组长是由省长兼任。但是基于不同的实际情况，在实际建立组织架构上，会存在差异性。

在自由贸易试验区推进工作领导小组办公室设置上，上海设在发展和改革委员会、天津设在商务委员会、广东与福建设立在商务厅。领导小组办公室主任，天津由商委主任担任，广东由省商务厅副厅长担任，福建由省商务厅厅长担任。而最大性质上的区别，天津的领导小组办公室和天津自由贸易试验区管理委员会都设在商务委，基本重叠；广东省政府及福建省政府设立的自由贸易试验区办公室和领导小组办公室完全重叠，即“一套班子、两块牌子”。广东自由贸易试验区办公室下设综合信息处、政策法规处和协调指导处，福建自由贸易试验区办公室下设政策研究处和综合协调处。

在自由贸易试验区管理委员会设置上，自由贸易试验区管理委员会法律上都是市政府或省政府的自由贸易试验区推进领导小组的派出机构，天津设在商务委，而广东和福建设在下面三个城市，该三个片区的书记或市长进入领导小组副主任名单，管理委员会主任由三个片

区的市级领导兼任。然而存在差异的主要原因是天津与上海自由贸易试验区几大片区相对集中，上海自由贸易试验区七大片区都在浦东新区管辖范围，天津自由贸易试验区也类似，在滨海新区与市政府范围内。然而广东自由贸易试验区、福建自由贸易试验区管理的三大片区相对都比较分散，其中广东自由贸易试验区分布在广州、深圳、珠海三市，福建自由贸易试验区地跨平潭、厦门、福州三市。由于天津和上海都是直辖市，所以天津借鉴上海，由常务副市长出任自由贸易试验区管理委员会主任（兼任），并且整个管理委员会下设 5 个职能局，即自由贸易管理委员会下设办公室、综合改革局、综合协调局、综合监管局及信息服务中心。而广东和福建在省级层面则不设管理委员会，在各自三个片区设片区管理委员会。广东的片区管理委员会则依托三个片区原有的新区管理委员会设立广东自由贸易试验区相应片区管理委员会。福建片区管理委员会也是依托三个片区原有的福州保税港区管理委员会、厦门海沧保税港区管理委员会、平潭综合试验区管理委员会调整为相应片区管理委员会。

根据上述组织架构的建立，第二批自由贸易试验区在管理上存在的根本性问题是三个省市管理片区都不在同一行政区，其中福建自由贸易试验区最为明显。天津自由贸易试验区包括滨海新区中心商务片区、机场片区和东疆保税港区，前面两者行政区划属于滨海新区，东疆保税港区是隶属市政府的独立功能区，没有对应行政区划分。广东自由贸易试验区包括深圳的前海片区、广州的南沙片区和珠海的横琴片区。福建自由贸易试验区包括厦门片区、平潭片区和福州片区。福建自由贸易试验区的福州片区又分为两区七块，涉及马尾、仓山、福清三个县级行政区；厦门分为两区三块，涉及海沧和象屿两个县级行政区。三个省市的自由贸易试验区都不在同一地级市范围内。而上海所有的自由贸易试验区都集中在浦东新区范围内。因此第二批自由贸易试验区分散的布局不仅带来了内部的竞争，而且也加大了内部协调的难度。目前看，第二批自由贸易试验区组织架构运行中，行政层级比较多，最上级的是省政府，然后是具体片区市政府，再到国家级新区管理委员会、自由贸易试验区的管理委员会，还有区政府，最后还有片区下属的区块办事处。这样的层级现状会带来较多的沟通协调成本。根据简化行政机构和国家制度创新“试验室”的自由贸易试验区定位出发，应充分借鉴上海自由贸易试验区管理委员会和浦东新区合署办公确保自由贸易试验区管理委员会的行政管辖权全覆盖各片区。

三、辽宁自由贸易试验区

首先，为推进辽宁自由贸易试验区相关工作，推进辽宁自由贸易试验区建设战略，把握创新试验方向，推动相关部门落实各项试验任务，协调解决发展过程中遇到的重大问题，辽宁自由贸易试验区组织架构（见图 3–2）由省政府决定成立辽宁自由贸易试验区工作领导小组，其工作领导小组办公室设立在发展和改革委员会。其中，领导小组办公室主要职责包括：负责贯彻执行和指导实施国家有关自由贸易试验区建设的方针、政策；制定推进工作措施；协调推进自由贸易试验区综合改革、投资、贸易、金融、人才等各项改革试点任务的落实；总结评估自由贸易试验区形成的改革创新经验，提出可复制、可推广的创新成果建议；协调研究和解决自由贸易试验区改革创新中的难点和问题；调度、监督、检查、考核各片区试验工作进展情况；承担自由贸易试验区工作领导小组日常工作。在人事安排上，领导小组组长由辽宁省省长担任，副组长由副省长、大连市市委书记、沈阳市市委书记担任。其次，根据辽宁自由贸易试验区中沈阳、大连、营口三大片区，在辽宁省自由贸易试验区领导小组办公室下设立沈阳市自由贸易试验区工作领导小组（市政府）、大连市自由贸易试验区工作领导小组（市政府）、营口市自由贸易试验区工作领导小组（市政府）。最后，在每个市工作领导小组下，设立工作领导小组办公室、管理委员会。总体来看，辽宁自由贸易试验区组织结构大致分为省级与市级两大层次，从省级工作领导小组下设省级领导工作小组办公室，到三个市级工作领导小组，再在每个市级工作领导小组下设工作领导小组办公室、管理委员会。

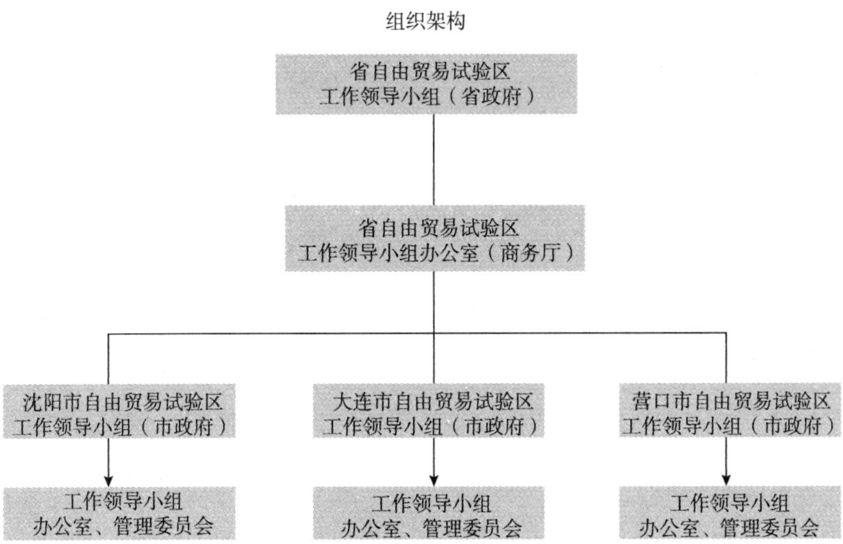

图 3-2　辽宁自由贸易试验区组织架构

资料来源：http://www. china-lnftz. gov. cn/ cn/%E9%A2%86%E5%AF%BC%E6%9C%BA%E6%9E%84. html?type=l。

四、浙江自由贸易试验区

浙江自由贸易试验区组织架构（见图 3-3），从两个层面设计：在省级层面，建立浙江自由贸易试验区建设领导小组，并下设建设领导小组办公室，其中办公室设立在商务厅；在市级层面，浙江省自由贸易试验区管理委员会与舟山市人民政府、舟山群岛新区管理委员会合署，实行“一套班子、三块牌子”，在管理委员会下设综合协调局、政策法规局以及综合服务中心。根据浙江自由贸易试验区都属于舟山市一个行政区管辖的特点，浙江借鉴上海经验，使自由贸易试验区管理委员会与舟山人民政府、新区管理委员会合署，不仅减少沟通协同成本，而且借助行政区政府既有职能部门的专业队伍、政府人事任命权及政府财政权来确保专业能力及自由贸易试验区工作推进中的各个部门的协同推进，而且避免把自由贸易试验区管理委员会建设成另一种形式的行政职能机构，确保自由贸易试验区管理委员会能着力于制度的创新推进。在领导小组人员任命上，由浙江省省长兼任领导小组组长、副省长担任副组长以及相关秘书长和市政府相关部门人员组成。根据职责不同设立不同管理职能部门，其中综合协调局主要负责自由贸易试验区范围内各项改革创新任务的综合协调工作，其主要职责包括：负责做好与国家、省有关部门的专项对接工作，综合协调市有关部门、片区所在地管理机构以及海关、检验检疫、海事、海警、边检、金融、税务等部门在自由贸易试验区内的行政管理工作；负责拟订浙江自由贸易试验区产业发展规划，并协调组织做好具体实施工作；跟踪自由贸易试验区产业发展、改革试点任务落实和重大投资项目建设情况；其他相关工作。综合协调局内设协调指导处、产业推进处、督察考核处 3 个处室。浙江自由贸易试验区政策法规局主要负责自由贸易试验区政策研究、政策创新和法治建设等工作，其主要职责包括：负责研究其他自由贸易试验区可复制、可推广的改革试点经验，提出在浙江自由贸易试验区复制推广的具体实施办法；负责评估浙江自由贸易试验区的改革试点成果，总结经验并提出复制、推广意见和建议；其他相关工作。政策法规局内设政策法规一处、二处、三处 3 个处室。浙江自由贸易试验区综合服务中心主要负责自由贸易试验区综合行政、信息宣传、对外联络等工作，其主要职责包括：承担浙江自由贸易试验区管理委员会的综合行政事务；统筹协调市级有关部门和浙江自由贸易试验区各片区所在地管理机构开展浙江自由贸易试验区对外宣传、新闻发布等工作；负责涉及浙江自由贸易试验区的舆情监测、研判和组织应对工作；其他相关工作。综合服务中心内设综合管理处、综合信息处、对外联络处 3 个处室。

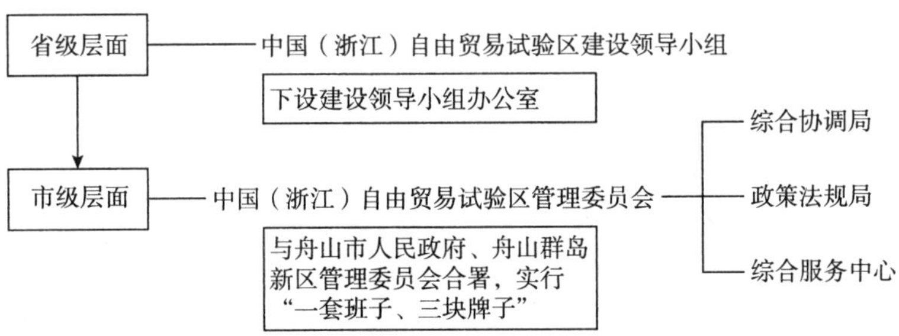

图 3-3 浙江自由贸易试验区组织架构

资料来源：http://www. china-zsftz. gov. cn/article/8764。

五、河南、湖北、重庆、四川、陕西自由贸易试验区

河南、湖北、四川、陕西四省以及重庆市在自由贸易试验区的组织架构整体上相似，四省一市都设立自由贸易试验区推进工作领导小组以及在商务厅下设自由贸易试验区领导小组办公室。在人员安排上，四省皆由各省省长兼任领导小组组长，重庆则由市长担任，以及配备相关秘书长和市政府相关部门人员。同时，五地区政府设立的自由贸

易试验区办公室和领导小组办公室完全重叠。在各自自由贸易试验区办公室下又设立综合信息处、制度创新处和协调指导处。为贯彻执行国家有关自由贸易试验区建设的方针、建设、法规和制度；拟订自由贸易试验区管理法规规章和规范性文件；统筹研究、推动制定自由贸易试验区政策措施并指导和督促实施；具体协调国家、省相关部门及各片区自由贸易试验区事务；统计发布自由贸易试验区公共信息；承担自由贸易试验区工作领导小组日常工作。根据工作需要，自由贸易试验区工作办公室同时作为自由贸易试验区工作领导小组办公室。综合信息处主要职责为：负责自由贸易试验区日常运转和管理工作；研究拟订自由贸易试验区发展规划和计划，组织研究自由贸易试验区发展有关重大问题；统计发布自由贸易试验区相关公共信息，综合评估自由贸易试验区运行情况，组织对外宣传、交流以及自由贸易区成果推广等工作。制度创新处主要职责为：研究拟订自由贸易试验区管理法规规章和规范性文件，建立健全法规政策制度；研究、推动出台自由贸易试验区综合改革、投资、贸易、金融、人才等政策；跟踪评估自由贸易试验区法规政策实施情况，指导各片区做好相关配套制度工作。协调指导处主要职责为：承担与国家、省相关部门以及各片区有关自由贸易试验区事务的统筹协调；配合国家有关部门落实国家安全审查、反垄断审查；负责与各片区管理机构联络工作，推动各片区建立健全事中事后监管体系；指导和督促检查自由贸易试验区各项试验任务的落实，负责自由贸易区招商引资工作。

四省一市出于各自自由贸易试验区管理片区相对较为分散的缘由，并没有在领导小组办公室下设立自由贸易试验区管理委员会，而是在各自管理片区下设立管理委员会。湖北自由贸易试验区在武汉、襄阳、宜昌设立管理委员会，四川自由贸易试验区在川南、临港设立管理委员会，河南自由贸易试验区在郑州、开封、洛阳设立管理委员会，重庆自由贸易试验区在两江片区、西永片区、果园港片区设立管理委员会，陕西自由贸易试验区在西安国际港务区、中心片区、杨凌示范区设立管理委员会。因此，同样四省一市自由贸易试验区组织架构上的设立也会存在一定的问题，分散的片区管理布局带来了内部的竞争，加大了内部协调的难度。

第二节
我国自由贸易试验区管理政策

一、转变政府职能

（一）“简政放权、放管结合、优化服务”

为切实转变政府职能，深化行政管理体制改革，深入推进“简政放权、放管结合、优化服务”改革。建立权责明确、管理高效、运转协调的自由贸易试验区行政管理体制。深化完善自由贸易试验区行政管理权力清单、责任清单。深化行政审批制度改革，建立精简高效的统一行政审批机构，开展相对集中行政许可权改革，依法统一行使相关行政许可权。建立市场准入统一平台，依托电子口岸公共平台建设国际贸易“单一窗口”。深化商事制度改革，全面落实“多证合一、一照一码”等措施。深化完善陆上和海洋综合行政执法体系改革。

（二）事中事后监管

根据自由贸易试验区总体方案要求，在自由贸易区加快探索资本项目可兑换和金融服务业全面开放，全面实现贸易投资便利化，为我国扩大开放和深化改革探索新思路和新途径，更好地为全国服务。自由贸易区对跨境人民币业务推出全新的事中事后监管模式，采用以“分账核算”为核心的自由贸易账户是中国人民银行与上海创设的监管系统，既适应自由贸易区金融的简政放权和负面清单管理的新形势，又能有效防范金融风险。在境外融资方面取消前置审批，境外金融主体根据自身的规模自主决定融资方式、期限、币种等，而中国人民银行根据系统采集区内境外主体实际情况，进行事中事后监管，从宏观上把控风险。所以说，在取消了一系列的行政审批后，政府职能转变成为事中事后监管，做到宽进严管。以转变政府职能为核心的事中事后监管，弱化政府的市场干预，强化政府对市场的监管。这样能使上海自由贸易试验区在金融、贸易等受到更少的政府管制，能激发市场活力与创造力。

（三）知识产权综合管理

开展知识产权综合管理改革试点。紧扣创新发展需求，发挥专利、商标、版权等知识产权的引领作用，打通知识产权创造、运用、保护、管理、服务全链条，建立高效的知识产权综合管理体制，构建便民利民的知识产权公共服务体系，探索支撑创新发展的知识产权运行机制，推动形成权界清晰、分工合理、责权一致、运转高效、法治保障的体制机制。搭建便利化的知识产权公共服务平台，设立知识产权服务工作站，大力发展知识产权专业服务业。探索建立自由贸易试验区跨部门知识产权执法协作机制，完善纠纷调解、援助、仲裁工作机制。探索建立自由贸易试验区重点产业专利导航制度和重点产业快速协同保护机制。

（四）建设多方参与的社会治理新体系

健全依法决策机制，明确重大行政决策的范围和标准，把专家咨询、社会听证、第三方评估作为重大行政决策必经程序，建立决策问责和纠错机制。建立行政咨询体系，成立由专业人士组成的专业咨询委员会，为自由贸易试验区发展提供咨询。编制向社会组织转移职能目录，将由政府部门承担的资产评估、鉴定、认证、检验检测等逐步交由专业服务机构承担。

（五）建立统一开放的市场准入和高标准监管制度

建立与自由贸易试验区相适应的行政监督管理制度，加强与负面清单管理体制相适应的事中事后监管体系建设。完善社会信用体系，推动各部门间依法履职信息的联通和共享。健全守信激励和失信惩戒机制。对涉及自由贸易试验区内的投资贸易等商事案件，建立专业化审理机制。严格执行环境保护法规和标准。强化安全监管保障，制定安全生产区域规划，建立自由贸易试验区油品安全管理制度。建立健全应急联动机制，充实应急救援力量，全力强化应急保障。鼓励企业履行社会责任，保障劳动者权益。配合商务部开展经营者集中反垄断审查。

二、投资管理

（一）“负面清单”管理

负面清单是国际上通用的外商投资准入管理措施，是国际贸易中政府规定禁止或限制的领域清单。为实现总体目标，积极推进服务业扩大开放和外商投资管理体制改革，为积极应对国际经济贸易格局变化，上海自由贸易试验区按照先行先试、风险可控、分步推进、逐步完善的方式，搭建以简政放权为核心，探索实施负面清单管理，将形成与国际规则相衔接的基本制度框架。《自由贸易试验区外商投资准入特别管理措施（负面清单）》是根据国际通行规则，依据我国法律法规和《外商投资产业指导目录》，按照国民经济行业分类编制，涉及金融服务、商务服务、社会服务等。特别之处在于，对于清单未列示的投资一般项目，将默认许可企业按照清单进行经济活动。同时，对一般境外投资项目由核准制改为备案制，通过“负面清单”的管理模式，极大地简化行政审批的过程，做到简政放权、扩大开放。国务院决定在上海、广东、天津、陕西等 11 个自由贸易试验区内实施同一张“负面清单”，将具有极大的政策统一性，有利于“负面清单”管理模式在未来的可复制性，更有利于保证中国更高程度的对外开放与对内改革。

2018 年版自由贸易试验区负面清单已在 2017 年基础上缩减至 45 条，涉及 22 项开放措施，48 条特别管理措施并且列出金融领域对外开放路线图。2019 年 6 月 30 日，经党中央、国务院同意，国家发展和改革委员会、商务部发布最新版《自由贸易试验区外商投资准入特别管理措施（负面清单）（2019 年版）》，新版本的负面清单是在新形势下进一步扩大对外开放的重要举措，该次修订将实施新一轮的更高水平开放，在服务业、制造业、农业等推出新的开放措施，将更加开放允许外商投资、控股、独资经营，在自由贸易试验区进行开放试点，创造开放、便利、公平的投资环境。通过本次修订，将进一步简化负面清单，自由贸易试验区外资准入负面清单条目由 45 条减至 37 条，主要变化如表 3-1 所示。在农业、林业、牧业、渔业方面，已经取消禁止投资中国管辖海域及内陆水域水产品捕捞。在采矿业方面，取消对钼、锡、锑、萤石勘查和开采的外资限制。在制造业方面，取消出版物印刷必须由中方控股规定以及关于投资宣纸、墨锭生产的限制。在电力、热力、燃气及水生产和供应业方面，取消“城市燃气、热力”管网的建设、经营须由中方控股的限制。在文化产业方面，取消电影院建设、经营须由中方控股。在交通运输、仓储和邮政业，取消国内船舶代理公司须由中方控股。在水利、环境和公共设施管理业，取消禁止投资国家保护的原产于中国的野生动植物资源开发。增值电信业，取消对“国内多方通信、存储转发类、呼叫中心”业务外资股比不超过50%的限制。此次修订可以看出，负面清单修订原则关键在于“精简”二字，对负面清单只做减法，不做加法，这也说明中国将继续坚定不移扩大对外开放，创造更加开放、友好的投资环境。

表3-1 《自由贸易试验区外商投资准入特别管理措施（负面清单）》（主要产业变化）

领域	2018年负面清单	2019年负面清单
农、林、牧、渔业	4. 禁止投资中国管辖海域及内陆水域水产品捕捞	已删除
采矿业	5. 禁止投资钨、钼、锡、锑、萤石勘查、开采 6. 禁止投资稀土勘查、开采及选矿 7. 禁止投资放射性矿产勘查、开采及选矿	禁止投资稀土、放射性矿产、钨勘查、开采及选矿
制造业	8. 出版物印刷须由中方控股 12. 禁止投资宣纸、墨锭生产	已删除
电力、热力、燃气及水生产和供应业	14. 城市人口50万以上的城市燃气、热力和供排水管网的建设、经营须由中方控股	9. 城市人口50万以上的城市供排水管网的建设、经营须由中方控股
文化业	42. 电影院建设、经营须由中方控股	已删除
交通运输、仓储和邮政业	17. 国内船舶代理公司须由中方控股	已删除
水利、环境和公共设施管理业	34. 禁止投资国家保护的原产于中国的野生动植物资源开发	已删除

续表

领域	2018 年负面清单	2019 年负面清单
增值电信业	23. 电信公司：限于中国入世承诺开放的电信业务，增值电信业务的外资股比不超过 50%（电子商务除外），基础电信业务须由中方控股（且经营者须为依法设立的专门从事基础电信业务的公司）。上海自由贸易试验区原有区域（28.8 平方千米）试点政策推广至所有自由贸易试验区执行	17. 电信公司：限于中国入世承诺开放的电信业务，增值电信业务的外资股比不超过 50%（电子商务、国内多方通信、存储转发类、呼叫中心除外），基础电信业务须由中方控股（且经营者须为依法设立的专门从事基础电信业务的公司）。上海自由贸易试验区原有区域（28.8 平方千米）试点政策推广至所有自由贸易试验区执行

（二）外商投资和境外投资备案管理

为构筑对外投资服务促进体系，改革境外投资管理方式，对境外投资开办企业实行以备案制为主的管理方式，对境外投资一般项目实行备案制，提高境外投资便利化程度。创新投资服务促进机制，加强境外投资事后管理和服务，形成多部门共享的信息监测平台，做好对外直接投资统计和年检工作。支持试验区内各类投资主体开展多种形式的境外投资。鼓励在试验区设立专业从事境外股权投资的项目公司，支持有条件的投资者设立境外投资股权投资母基金。

三、贸易便利化

（一）“单一窗口”管理

依托电子口岸公共平台，完善国际贸易“单一窗口”的货物进出口和运输工具进出境的应用功能，实现贸易许可、资质登记等平台作用，将涉及贸易监管的部门逐步纳入“单一窗口”管理平台，进一步优化口岸监管执法流程和通关流程。将出口退税申报功能纳入“单一窗口”建设项目。推进自由贸易试验区内各区域之间通关一体化。大力发展转口贸易，放宽海运货物直接运输判定标准。优化沿海捎带业务监管模式，提高中资非五星旗船沿海捎带业务通关效率。在执行现行税收政策的前提下，提升超大超限货物的通关、运输、口岸服务等综合能力。鼓励企业参与“自主报税、自助通关、自动审放、重点稽核”等监管制度创新试点。加快形成贸易便利化创新举措的标准化制度规范，覆盖到所有符合条件的企业。

（二）“一线放开、二线安全、高效管住”的通关监管服务模式

自由贸易试验区内的海关特殊监管区域实施“一线放开、二线安全、高效管住”的通关监管服务模式。在确保有效监管前提下，在海关特殊监管区域探索建立货物状态分类监管模式。在严格执行货物进出口税收政策的前提下，允许在海关特殊监管区域内设立保税展示交易平台。试点开展境内外高技术、高附加值、风险可控的维修业务。对注册在自由贸易试验区海关特殊监管区域内的融资租赁企业进出口飞机、船舶和海洋工程结构物等大型设备涉及跨关区的，在确保有效监管和执行现行相关税收政策的前提下，按物流实际需要，实行海关异地委托监管。

（三）推进服务贸易创新发展

加快服务贸易创新发展。加快推进服务贸易创新发展试点，积极探索服务贸易发展新模式，建立完善服务贸易公共服务体系和贸易促进平台。重点推进与欧洲地区在产业人才合作、企业对接联动、项目

载体共建、商务环境优化等领域的深入合作，提升对欧洲服务贸易水平。加快发展技术创新和商业模式创新相融合的新兴服务贸易和技术贸易。在海关特殊监管区域内不断拓展保税维修、检测、研发等业务。在环境风险可控的前提下，支持在海关特殊监管区域内开展航空发动机等高技术含量、高附加值商品境内外维修业务试点。鼓励发展动漫创意、信息管理、数据处理、供应链管理等服务外包产业。搭建便利化的知识产权公共服务平台，设立知识产权服务工作站，大力发展知识产权专业服务业。探索建立自由贸易试验区重点产业专利导航制度和重点产业快速协同保护机制。依托现有交易场所开展知识产权跨境交易，推动建立市场化运作的知识产权质物处置机制。支持和鼓励商标品牌服务机构在品牌设计、价值评估、注册代理、法律服务等方面不断提升服务水平。扩大对外文化贸易和版权贸易。深化艺术品交易市场功能拓展，支持在海关特殊监管区域（保税监管场所）内开展艺术品保税业务，为境内外艺术品生产、物流、仓储、展示和交易提供服务，对从境外进入海关特殊监管区域（保税监管场所）的文化产品，除法律、行政法规和规章另有规定的外，不实行许可证管理。创新文化服务海外推广模式，支持发展以传统手工技艺、武术、戏曲、民族音乐和舞蹈等为代表的非物质文化遗产与旅游、会展、品牌授权相结合的开发模式，鼓励广播影视、新闻出版等企业以项目合作方式进入国际市场，试点国外巡演的商业化运作。

四、金融自由化

（一）建立本外币账户管理，推进人民币国际化

探索建立与自由贸易试验区相适应的本外币账户管理体系，促进

跨境贸易、投融资结算便利化。鼓励允许自由贸易试验区内法人金融机构和企业按照有关规定在境外发行人民币和外币债券，所筹资金可根据需要调回自由贸易试验区内使用。支持符合条件的企业参与跨国公司总部外汇资金集中运营管理和跨境双向人民币资金池业务。支持跨国公司成立全球或区域结算中心。研究探索自由贸易试验区内银行业金融机构在依法合规、风险可控的前提下，向境外销售人民币理财产品、开展人民币项下跨境担保等业务。允许自由贸易试验区内符合条件的金融机构和企业按照规定开展境外证券投资业务。

（二）推动金融开放创新

允许符合条件的中资商业银行立足当地实际需求，依据监管政策导向，在自由贸易试验区内设立分支机构。支持外资银行在自由贸易试验区内设立子行、分行、专营机构。支持符合条件的民营资本在区内依法设立金融租赁公司、财务公司等金融机构，支持符合条件的境内纯中资民营企业发起设立民营银行。支持金融租赁公司在自由贸易试验区内设立专业子公司。支持商业保理业务发展，探索适合保理业务发展的外汇管理模式。支持自由贸易试验区内符合条件的企业按规定开展人民币境外证券投资等业务。允许外资股权投资管理机构、外资创业投资管理机构在自由贸易试验区发起管理人民币股权投资和创业投资基金。进一步简化经常项目外汇收支手续，在真实、合法交易基础上，自由贸易试验区内货物贸易外汇管理分类等级为A类企业的外汇收入无须开立待核查账户。允许自由贸易试验区内符合条件的融资租赁业务收取外币租金。支持自由贸易试验区内符合条件的个人按规定投资境内外证券市场。

（三）增强金融服务

进一步推进内资融资租赁企业试点，注册在自由贸易试验区内的内资融资租赁试点企业由自由贸易试验区所在省级商务主管部门和同级国家税务局审核；加强事中事后监管，探索建立融资租赁企业设立和变更的备案制度、违反行业管理规定的处罚制度、失信和经营异常企业公示制度、属地监管部门对企业定期抽查检查制度。支持自由贸易试验区内符合互认条件的基金产品参与中国内地与中国香港基金产品互认。取消对自由贸易试验区内保险支公司高管人员任职资格的事前审批，由自由贸易试验区所在省级保监机构实施备案管理。逐步允许境外企业参与商品期货交易。结合自由贸易试验区产业基础和产业发展方向，围绕新型工业化方向和产业转型升级需求，创新金融产品和金融服务。进一步提升金融服务实体经济的能力，逐步完善适合东北老工业基地振兴发展的新型金融支撑体系。

（四）建立新型金融监管体系

探索实施金融综合监管，提升防范金融风险能力。自由贸易区成立金融工作推进小组和综合监管联席会议制度，形成了以市场全覆盖、以信息互联共享为基础、以监管合作为保障、以综合监管联席会为平台、以业界自律共治为补充的金融综合管理新方案。全面构建市场主体自律、业界自治、社会监督、政府监管“四位一体”的综合监管体系，充分发挥社会多元共治的作用；另外，创新协同监管、精准监管、分类监管、动态监管等现代监管手段和理念，对实施“证照分离”的改革事项，对自由贸易区金融、贸易、投资改革，对重点领域、重点行业、重点市场等强化政府部门的专业监管，最终希望形成一张横向到边、纵向到底的监管天网。落实风险为本的原则，探索建立跨境资金流动风险监管机制，强化做好反洗钱、反恐怖融资、反逃税工作，防范非法资金跨境、跨区流动。探索建立综合性金融监管协调机制，深入开展跨行业、跨市场的金融风险监测评估，加强对重大风险的预警防范，切实防范开放环境下的金融风险。

（五）宏观审慎管理

宏观审慎的目标是为了维护金融体系的稳定，识别与预防系统性的金融风险。在综合考虑国家的经济政策与宏观的经济环境后，对金融系统进行整体监管，以应对金融危机对宏观经济造成的危险。在时间维度方面，通过设立应急资本、提高贷款准备金、引入杠杆比率、加强风险管理等方法，建立宏观审慎监管制度框架。上海自由贸易试验区建立宏观审慎的境外融资风险管理模式，由中国人民银行可根据自由贸易区经济环境，依据境外融资杠杆率、宏观审慎政策等采取调控措施，甚至应急管理措施。同时，对于企业来说，可以根据境内外人民币与外币资金成本自主决定融资方向，所以企业能以较低成本获得境外融资，该管理模式赋予企业更多的自主权利与借债的空间。上海自由贸易试验区实施境外融资宏观审慎管理，取得了较好效果，积累了可复制、可推广的经验，并进一步完善了外债规模、境外融资与跨境资金流动、短期资本流入的宏观审慎管理框架。

五、税收优惠

有关自由贸易试验区落实现有相关税收政策，应充分发挥现有政策的支持促进作用。中国（上海）自由贸易试验区、中国（广东）自由贸易试验区、中国（天津）自由贸易试验区和中国（福建）自由贸易试验区已经试点的税收政策原则上可在其他试验区进行试点，其中促进贸易的选择性征收关税、其他相关进出口税收等政策在自由贸易试验区内的海关特殊监管区域进行试点。试验区内的海关特殊监管区域范围和税收政策适用范围维持不变。此外，在符合税制改革方向和国际惯例，以及不导致利润转移和税基侵蚀的前提下，积极研究完善境外所得税收抵免的税收政策。

实施促进贸易的税收政策。将试验区内注册的融资租赁企业或金融租赁公司在试验区内设立的项目子公司纳入融资租赁出口退税试点范围。对试验区内注册的国内租赁公司或租赁公司设立的项目子公司，经国家有关部门批准从境外购买空载重量在25吨以上并租赁给国内航空公司使用的飞机，享受相关进口环节增值税优惠政策。对设在试验区内的企业生产、加工并经“二线”销往内地的货物照章征收进口环节增值税、消费税。根据企业申请，试行对该内销货物按其对应进口料件或按实际报验状态征收关税的政策。在现行政策框架下，对试验区内生产企业和生产性服务业企业进口所需的机器、设备等货物予以免税，但生活性服务业等企业进口的货物以及法律、行政法规和相关规定明确不予免税的货物除外。完善启运港退税试点政策，适时研究扩大启运地、承运企业和运输工具等试点范围。

第四章

国外主要自由贸易园区管理经验

自由贸易园区作为一种有效贸易政策模式，代表了世界各国经济高度开放。各国产生了不同类型的自由贸易园区，为推动国际贸易便利化、投资环境便利化、金融领域、提供就业等方面起到促进作用，成为各国参与全球经济一体化与对外开放的重要窗口。在全球经济不断发展与各国国际贸易不断扩大的背景下，建立自由贸易园区将是每个国家的重要方针政策。首先，根据各国对自由贸易园区不同功能的定位，可以分为四种类型：综合型自由贸易园区、出口加工型自由贸易园区、金融型自由贸易园区、物流中转型自由贸易园区。从目前形势来看，世界各国主要采取建设综合型自由贸易园区，欧洲和亚洲各国主要采取建设综合型自由贸易园区，加之以物流型自由贸易园区与工业型自由贸易园区为辅。除北美各国采取建设综合型与物流型两种自由贸易区为主，南美国家以综合型为主外，其余类型自由贸易园区都有涉及。其次，根据管理模式的不同，分为政府主导型、企业私人主导型、政府与企业综合管理型。依据自由贸易园区管理机构的性质不同、权限划分不同以及管理方式的不同，政府主导型是由设立自由贸易园区的政府与海关监管部门直接负责自由贸易园区的开发与管理事宜；企业主导型是指由政府通过法律授权一家专业管理公司直接负责自由贸易园区开发、建设以及相关日常运行；政企综合管理自由贸易园区是指由政府部门负责对园区的规划、审批、决策以及监管，而授权的管理公司将负责园区经营活动。在发达国家和地区，由于成熟的法制建设、高程度的市场化，大都采取企业私人主导型。而对法制建设不健全、市场化程度较低以及贸易管理制度较为严格的国家主要实行政府主导型自由贸易园区。

自由贸易园区是国家或者地区对外经济活动在投资准入、金融政策、税收优惠、海关监管等领域实行优惠的特殊区域，其特殊地位决定了它具有的特征。自由贸易园区的建设注重港区结合，由于单一的港口是无法同时实现货物的国际采购、储存、分销、配送等多项功能，所以港区综合区域将能发挥自由贸易园区优势。为吸引更多外资企业到本国来进行投资，自由贸易园区采取优惠的政策，不仅在进出口通关、财政金融、减免所得税、减免区内组装或加工制造应缴纳增值税，而且还采取放宽信贷、外汇兑换自由、资金自由出入境内等优惠政策。同时，自由贸易园区拥有优越的基础设施与提供高质量的服务，保证了国际商品从输入、储存、加工到交易输出整个过程的顺利进行。同时，自由贸易园区具有高度的经济自由以及产业集聚性与辐射功能。在自由贸易园区内，货物流动自由、贸易投资自由、金融自由。当各类生产要素不断汇集于区内核心时，成熟的核心产业将会带动周边相应产业链不断地延伸，不仅促进本国经济的发展，而且能提高整体技术水平的发展。

区域经济一体化和经济全球化是当前经济发展大趋势，为顺应全球趋势，自由贸易园区注重服务贸易便利化，注重投资自由化，注重金融自由，注重制度创新化发展，注重全球供应链枢纽发展等，自由贸易园区的发展总的来说呈现出五种发展趋势：①由货物贸易功能转变为货物贸易与服务贸易并重发展，侧重点是发展服务贸易。随着全球服务贸易的迅猛发展，全球的产业形态趋于服务化，服务贸易占全球贸易总额的比重不断提升。自由贸易园区当前的发展趋势呈现出由转口贸易和进出口贸易向服务贸易领域拓展和延伸，为全球服务贸易的发展提供了广阔的空间。服务贸易逐渐取代制造业成为自由贸易区的主导产业，同时，服务贸易通过其内部产业结构的优化升级，诞生了一些新型的服务贸易业态，如金融业、咨询业和信息业等。②由单一贸易功能转变为贸易与投资多功能并重发展，侧重点是实现投资自由化、便利化，逐步改善负面清单管理、投资准入、国民待遇、海关监管、投资服务等方面的政策，为园区区内企业的发展创造了更为宽松自由的投资环境。③由在岸业务功能转变为在岸业务与离岸业务并重发展，更加注重离岸功能的拓展。自由贸易区“境内关外”的特征决定了其可以发展离岸业务。在经济全球化不断深化的情况下，跨国公司在全球得以快速发展，其国际分工逐渐精细化，离岸业务在此基础上得以快速发展，以离岸金融为核心的离岸功能也不断拓展。④由贸易自由制度安排转变为贸易自由、投资自由、金融自由制度共同发展，侧重点是制度安排的联动性。为了适应新的国际贸易规则和自由贸易区功能的不断拓展，自由贸易园区通过创造自由开放的制度环境，来实现贸易自由、投资自由、金融自由制度的联动发展。⑤由区域物流转变为向全球供应链枢纽发展。伴随着全球经济一体化和区域经济一体化的不断深化，跨国性的物流业在全球得到快速发展，生产要素在全球流通的规模得以不断扩大，自由贸易园区开始成为资金流和国际物流的主导和先驱。跨国公司通过在全球自由贸易园区进行产业链资源最优化分配，在全球不同区内设置不同的生产点、建立全球化配送网络，最终实现生产力在全球的布局以及跨国公司生产成本的最小化和利润的最大化。跨国公司通过采取全球发布式制造、服务离岸外包等模式来寻求全球经营的最优化，其正在成为全球供应链的重要节点。

第一节
新加坡自由贸易园区

一、基本概况

1965年，新加坡正式独立，由于长期处于被殖民的历史缘由，新加坡成为了一个多元文化的移民国家，促进种族和谐是政府治国的核心政策。新加坡具有得天独厚的地理位置，北隔柔佛海峡又与马来西亚相邻，南隔新加坡海峡与印度尼西亚相望，毗邻马六甲海峡南口，组成了面积只有715.8平方千米的城市海岛国家，却拥有200条航线将全球上百个国家的600多个港口联系起来，这为新加坡海上运输和进出口贸易提供优越的条件，后来发展成为四大国际金融中心之一和世界重要电子工业中心。1969年新加坡通过《自由贸易园区法案》，吸引了全世界销往塔台地区的货物集中于新加坡自由贸易园区。同年9月，新加坡第一个自由贸易园区在裕廊港码头成立，据数据统计，当前新加坡共有10个自由贸易园区、30多个工业区以及70多个保税区，其中除樟宜航空货运中心是空运自由贸易园区外，剩下都是海运自由贸易园区，像裕廊港码头、森巴旺码头、克佩尔港区、丹绒帕嘎集装箱码头等，这些特殊的区域共同促进新加坡经济贸易的迅速发展。

新加坡自由贸易园区发展进程：1819年，英国东印度公司的托马斯·斯坦福·莱佛士乘船抵达新加坡，发现该地区是一个天然的避风深水港，新加坡从此开启从完全自由贸易港到自由贸易园区的发展进程。随后，英国取得了新加坡的租借权，宣布将新加坡的全境开辟为自由贸易港。这时新加坡是完全意义上的自由贸易港，各国船只可以自由进出港口，除了烟、酒和殖民地政府专卖的鸦片烟外，其他的进出口货物一律免征关税。

1959年，新加坡自由贸易港开始向具有综合功能的有限自由贸易港发展。新加坡发展“替代进口工业化”阶段，面向国内市场的加工制造业发展迅速。1961年底，设立了当时最大的裕廊工业区，为了降低关税保护对转口贸易的影响，1966年新加坡颁布了《自由贸易区条例》，并于1969年在裕廊港码头设立第一个自由贸易园区。与其他国家的自由贸易区不同，新加坡的自由贸易园区并不是通过优惠政策吸引外资来发展加工制造业，而是通过将来自世界各地的货物可以免费把本来应征关税的货物存放在区内，进行重新分类、包装和陈列等，然后再转运出口，或在有利的销售时机到来时转运到新加坡的关税区，缴纳关税后再销往新加坡国内市场。新加坡通过灵活运用自由贸易港政策，有力地促进了转口贸易。1967年底，新加坡开始实行面向出口的工业化政策，鼓励出口工业。从20世纪80年代开始，新加坡政府重点发展高新技术产业、积极推动现代服务业等发展和输出，制定了一系列优惠便利政策，促进服务业各产业的繁荣。

1990年至今，新加坡港口集装箱吞吐量跃居世界第一位，已经发展成为多功能自由贸易园区。新加坡自由贸易港的码头设备完善，处理货物效率极高，分别为远洋巨轮、邮轮、集装箱货轮，以及其他各种轮船提供服务。目前，全球超过90%的货物可以自由进出新加坡而不需要缴纳关税。除了完善基础设施、重点发展金融服务业外，科技在新加坡国家发展战略中的地位逐渐上升。

新加坡自由贸易园区主要功能是以发展转口贸易、提供物流服务为主。当世界各地的货物运至自由贸易园区内存储时，暂不收取消费税，只有当货物离开贸易园区进入新加坡国内市场，才会开始征收消费税。利用货物进出口不征收关税、不限制进口配额、通关便利、仓储费用低等优惠条件，吸引了世界各地的货物在新加坡进行仓储、转运，为其提供便利的仓储服务设施。在自由贸易园区设立出口加工区与工业园区、实施优惠的税收政策，吸引大量外资进行工业加工制造。同时，新加坡拥有有利的地理位置与先进的技术，使之为新加坡金融业发展与发展成为世界金融中心奠定基础。

二、管理体制

新加坡自由贸易园区管理方式采取政企综合管理，新加坡政府负责招商、规划，并任命自由贸易园区咨询管理委员会，咨询管理委员会负责主营机构咨询，主管机构负责具体开发。当前，管理新加坡自由贸易园区主要有三大机构：樟宜机场集团、裕廊港私人有限公司以及新加坡国际港务集团。

（一）樟宜机场集团

樟宜机场集团主要负责樟宜自由贸易园区运营，包括樟宜空运中心和机场物流园区的管理工作。樟宜机场集团拥有除仓储以外其他所有航空货运业务活动的专营权力，但并不拥有货物处理设备，不参与实际货物处理，而是主要维护自由贸易园区的安全以及秩序。樟宜机场集团拥有 8 座货站、2 座速递货运中心，有 2 家地面代理机构，即新加坡机场货运服务处和樟宜国际机场服务处。代理公司投资兴建并运营，樟宜机场集团主要负责提供土地，两个代理机构在运营期间需付给樟宜机场集团专营权费。在大部分情况下，樟宜机场集团将已经建好的仓库和办公室出租给货运代理商使用，但有些时候，它也会直接将土地出租给使用者。机场物流园区规范管理、技术先进、服务优质、功能齐全、运作高效，作为亚洲一流的物流业基地，全球 25 家较大的空运物流及快递公司、物流公司中有 20 家已落户，世界顶尖的 50 家第三方物流公司，有一半以上将亚太区域总部设在园区内，从而达到了较好的规模经济效果。

（二）裕廊港私人有限公司

裕廊港私人有限公司是裕廊集团（裕廊工业管理局）的全资子公司，从 2001 年起开始负责裕廊港自由贸易园区的管理运营。虽然裕廊港自由贸易园区由私人公司管理，但裕廊集团始终是最高管理机构。政府仅拨给其启动资金，后续开发经费主要来自土地使用费，其自负盈亏，充分发挥政府与市场的双重优势，使裕廊港自由贸易园区在各方面都更加趋于自由化。

（三）新加坡国际港务集团

新加坡国际港务集团是世界第二大港口经营管理公司，前身是新加坡港务局，实行政企合一的管理体制，负责经营管理运作新加坡港的所有港务事宜。随着经济的发展,新加坡港务局的管理要求政企分离。1997 年，新加坡国会通过法案，将新加坡港务局改组为新加坡港务集团有限公司，为新加坡财政部管辖的国有控股公司。目前，新加坡国际港务集团在全球16个国家经营28个港口，其遍布亚洲、欧洲和美洲，新加坡港是集团的核心部分，在新加坡地区的集装箱权益吞吐量占公司全部集装箱权益吞吐量的50%。

三、管理政策

（一）投资管理

新加坡自由贸易园区采取“负面清单”，按法律规定，除法律命令绝对禁止的货物外，其他任何货物都可以进入自由贸易园区，自由贸易园区内的货物可以从自由贸易园区转出、销毁。除权力机构禁止外，自由贸易园区内的货物可以用来储存、销售、展示、打散、重新包装、装配、分销、分类、分级、清洗、混合，或以其他方式操作，或者依法律的规定进行制造。任何一类应缴税的货物，无论是处于原始状态还是生产后状态或作为自由贸易园区内制造的任何货物的部件，均应从自由贸易园区发出进入关税区。这些货物在进入关税区之前，可以储存在自由贸易园区内，这些货物的检验和重新包装，在没有得到海关高级官员的事先许可时不得进行，并且需要符合自由贸易园区政府官员认为可以实施的条款的规定。任何人想进入关税区装配、混合或以其他方式操作任何货物或进行上述制造行为，应将其通过书面报告告知总干事，并事先获得书面许可。总干事应酌情决定在其认为合适时批准请求或拒绝请求，一旦请求被批准，上述操作或制造行为均应在海关的监督下进行。此外，自由贸易园区内不可以开展任何零售贸易活动，除非获得权力机构的书面授权，并符合权力机构提出的条件。任何应税货物若未获得不低于海关副关长的海关高级官员的书面许可，不得在自由贸易园区内使用或消费。

（二）贸易便利化

1989 年，新加坡领先国际率先推出贸易管理电子平台交易网，将海关、税务、安全等多个政府机构连接起来，为企业提供一站式通关服务。通过建立网络交易平台，企业只需提交一份电子文件进行贸易出口相关所有申报与审核手续。与原来相比，整个完整的申请手续过程，花费时间大大减少、费用明显降低，简化大量程序，参与通过处理工作人员大幅减少，促进贸易真正达到便利化。新加坡政府还通过建设港口网，将政府相关职能部门、船舶公司、货主集装箱中转站以及卡车运输等连接起来，使使用港口服务的公司能够获得船只出进信息、安排、在港所出位置、集装箱实施跟踪等信息，做到随时让使用者获得所需信息，通过该系统将整个自由贸易园区提供服务进行整合、规划、管理，建立“单一窗口”服务体制，使新加坡贸易便利化、监管高效化、具备国际竞争力。通过在自由贸易园区实施“单一窗口”政策和便利化措施，不仅简化货物流通程序，而且大大节省成本。优惠的政策、简便的程序、高效的服务与物流系统吸引着大量的企业聚集在此设立亚太区域总部，促使新加坡成为世界主要物流公司所在地，这是新加坡能够成为世界贸易中心的关键之一。

新加坡自由贸易园区实施“一线开放、二线管住、区内自由”，“一线开放”是指在贸易园区内企业进出货物一线完全放开，无海关检验；“二线管住”是指海关有权依法对非自由贸易园区进出的货物进行检查与征收相应关税，但尽量做到减少或最低限度开箱检查；“区内自由”是指海关对自由贸易园区内的货物的进出口、储存、展览、分级、组装、分装、再加工等不进行干预，同时外币可自由在自由贸易园区内进行兑换。自由贸易园区内的货物大多数最终将要转运到世界各地，作为转口贸易最重要的区域，新加坡划定特殊区域为出口公司提供便利，也带动着本国经济的发展。

（三）金融自由化

新加坡自由贸易园区内金融自由化水平较高，自由兑换外汇，资金流动没有限制，汇出收入、利息、利润、分红以及投资所得没有限制。区内设有离岸金融中心，实行与境内市场分割的模式，豁免法定储备金率、无利率管制、无外汇管制、免收资本所得税等。开展离岸金融业务，促进金融服务业发展。自由贸易园区允许商业银行与金融公司兼营，但必须另立单独账户分开管理。新加坡通过放宽金融政策和提供优惠措施以促进其国际金融中心的形成和发展，逐步放宽外汇管制，逐步放宽黄金交易的限制。

（四）税收优惠

新加坡自由贸易园区一直实行低关税甚至零关税政策，1960 年仅对烟、酒、汽油、肥皂、清洁剂等少数货物品种征收关税。1969 年，关税保护期间征收关税物种也仅占进口商品的 19.9% 左右。后来，由于新加坡转向发展出口工业，为保持持续的对外吸引，采用简化关税分类商品，渐进地取消大多数商品税收，新加坡逐步推行优惠税收与服务政策。如今新加坡自由贸易园区更是接近非课税区域，几乎覆盖全面的货物品种进入自由贸易园区不用缴纳关税，并且将存放在园区内直到出口为止，都不会被征税。

（五）法制保障

1966 年，新加坡通过《自由贸易园区法案》，该法案详细说明自由贸易园区相关政策，明确自由贸易区监管主体与相关职责问题，对贸易园区的定位、功能、管理体制、运作模式、优惠政策进行全面规定。该法案的实施将有助于保障自由贸易园区各项政策稳定以及投资者的合法权益，使自由贸易园区得以良好运行。

第二节
美国对外贸易区

一、基本概况

1934年，美国国会通过《对外贸易区法案》，该法案提出在机场或港口附近规划出一处特别区域作为自由贸易园区，进入该区域的货物将不受美国海关限制且能享受优惠待遇。1936年，美国第一个对外自由贸易区在纽约布鲁克林建立。20世纪中叶美国对外自由贸易区建设存在滞后发展，随着美国对外贸易形式下滑并造成不利贸易逆差，为促进经济发展与增加就业机会，美国逐步在沿海及五大湖港口区建立对外自由贸易区。截至目前，美国联邦政府于各州政府大力扶植对外贸易区建设，总计有数百个地区。

美国自由贸易园区经历几十年的发展，数量庞大，遍布各州。根据其空间分布特征，主要形成了临空、临港以及陆路枢纽三大类型。其中，临港型是指临海港与河港两种类型，主要集中分布在太平洋、大西洋、墨西哥湾沿岸地区以及五大湖。临空型是指依托综合航空运输体系而设立的自由贸易园区，如孟菲斯、丹佛等的国际化大型枢纽机场成为发展临空型贸易区的优势区位。目前，由美国航空管理局或机场管理局直接承办的贸易主区多达 24 个。其中，孟菲斯国际机场是全球最大的货运机场之一，77 号自由贸易园区的入区商品价值总额位居美国首位。陆路枢纽型对外自由贸易区依托高速公路、铁路等交通枢纽节点设立，该类型自由贸易区能够充分发挥由州际高速公路、州内高速公路以及县内外公路组成的陆路物流高效便捷优势。与临空型和临港型自由贸易区相比较，陆路枢纽型自由贸易区发展的总体规模较小，但数量众多且分布广泛。由地方当局、地区商会、自由贸易区公司、交通运输部等运营管理。美国自由贸易园区由原来出口贸易，到扩展至制造业及其他各类生产性服务。对外自由贸易区以加工制造和仓储物流为主要功能，兼具仓储、展示、处理、销售等多种功能。对外自由贸易区为美国充分利用国内外资源要素参与世界经济分工提供了极大便利，尤其以工业、制造业领域最为突出。目前，美国对外自由贸易区的各项便利条件和优惠政策，吸引了大量国内外企业进入区内进行仓储、配送或生产。

二、管理体制

作为特殊的经济区域，经济体制与经济基础决定了其管理体制构成的复杂性与特殊性。在长期的发展过程中，美国对外自由贸易区逐渐形成了独特的管理模式。美国自由贸易园区设立的管理机构分为两个层级：第一层级是统筹性的管理协调体系。由联邦政府设立专门管理机构，即对外贸易区委员会，美国海关总署以及全国对外贸易区协会构成美国自由贸易园区管理机构。对外贸易区委员会为美国所有对外贸易区的最高行政管理机构，其主要职责是对自由贸易区进行宏观决策、调控、监督和协调；美国海关总署配合对外贸易区委员会工作，行使海关管辖权，对进出货物和人员活动进行监督管理；美国对外贸易区协会作为民间性组织，积极参与协调与合作，主要针对普遍遇到的共同性问题和困难进行讨论与协商，与有关政府部门进行商议，寻求解决办法。第二层级是对外贸易区的内部管理经营体系，以承办者和运营者为主体。首先，承办者主要包括经过对外贸易区委员会授权的法人团体或私人公司，根据相关法律和公共事业原则雇佣运营者对对外贸易区进行经营管理。其次，形成主区与辅区并行运营管理模式。主区是指综合性的多用途区域，辅区则是由一家公司划定经营，属于专门性特定用途区域。当主区内出现公用场所不能满足企业发展需求时，可以建立分区，即辅区作为主区的附属部分。而且辅区多以加工制造业活动为主，当企业受成本、固定投资、环境等因素影响时，无法进入主区，可以选择辅区享受自由贸易园区政策优惠。最后，建立矩阵联络制。美国自由贸易园区区域众多以及设立类型复杂，建立矩阵制可以实现对全美国各地区对外自由贸易区进行有效沟通。一方面，根据各个对外自由贸易区所在州的地理位置将自由贸易区划分，归属到东部区域、大湖区域、中部区域和西部区域。每个区域各自配备联络员，将全国所有自由贸易区加以囊括。另一方面，根据自由贸易区的相关活动类型，又将其划分为六大类别，主要包括新设或变动的对外贸易区范围、有关制造活动、石油炼制、年度汇报、申请副本和利用网站进行沟通，并配备专职的交叉联络员。以上四大区域和六大类别构建起矩阵制联络制度，为自由贸易区的发展提供了高效的沟通保障机制。

三、管理政策

（一）监管模式

美国对对外自由贸易区采取直接监管与委托监管相结合模式，直接监管由海关在自由贸易园区设立监管机构，对进出自由贸易区的货物与人员进行监管；委托监管是指海关委托自由贸易园区经营管理者，对区内采取适当监管措施。区内监管方式由逐单监管转为审计核查，简化监管模式。各州自由贸易区大多采用委托监管，区内主要经营管理者承担监管责任，减少大量工作量与人力，提高货物进出口效率。与此同时，积极引入专业化的市场主体企业，提高自由贸易园区的经营和使用效率。美国充分发挥市场力量的有益经验，政府监督管理和市场依法运作的有机结合是美国自由贸易园区治理体系的重要特色。其中，政府管理是指由美国对外贸易区委员会和海关等政府机构所主导的管理，代表政府的统一引导力和刚性强制力。

建立完善的对外自由贸易区准入与退出机制。若自由贸易园区已经投入使用，主区与辅区可向对外自由贸易区委员会申请进入暂停使用状态，当想要恢复投入运营时，则需要根据流程向相关部门申请激活；当主区与辅区不再需要时，被授权单位可以申请中止并取消该区。当总区或分区五年内未申请恢复运营状态，将会被终止，但存在 18 个月的申请恢复期，在时间内主区与辅区依旧可以按要求向相关管理部门申请激活运营。该体制机制给予对外自由贸易区发展的动态自由，能够消除“闲置”与“不足”的经济状态，保证了对外自由贸易区配置的不断优化。

创新监管理念，允许在区内进行零售。一般自由贸易园区建立特殊的海关监管区域，主要实施“对外”自由化，即“一线开放、二线管住”，则对内禁止零售销售或征收一定相关税收。而美国对外自由贸易区实施不同政策，不但允许区内商品进入美国市场，甚至减免一定关税来吸引区内企业为美国生产制造。在美国的制度框架下，经获得允许与批准后，国内产品、已免税产品或已缴纳关税产品，被允许在区内进行零售；甚至供应主区与辅区工作人员消费的国内产品、已缴纳关税产品或免税产品，零售不需要经过批准。因此，对自由贸易区实施较为灵活的管理政策，不仅吸引大量企业入驻对外自由贸易区为满足本国需求进行生产制造，而且带动美国对外贸易经济的稳定发展。

（二）贸易便利化

作为世界经济强国，不应单纯追求出口总量规模和对外贸易顺差，而是更加强调保持本土制造业和生产服务业的国际竞争力。美国设立对外贸易区不仅是为外国企业提供国际贸易便利，也为本土企业的发展提供了便利。1990 年实施新的《自由贸易区管理条例》，产业功能进一步拓展为“进出口贸易、保税仓储、简单商业性加工、商品展销、混合加工和制造及转口贸易等”。驻区的美国企业利用国内和国外投入品进行大规模生产和服务，产品同时供出口和内销，这说明美国自由贸易区的制造产品以进入国内消费市场为主，其用于出口的产品占比并不大。换言之，美国发展自由贸易的思路是：内需与外需并重，甚至内需为主，外需为辅。

（三）税收优惠

凡是进入自由贸易区内的出口商进行经济活动，美国对外贸易区对其给予收税优惠、提供设备以及良好服务。对外贸易区为美国出口商提供国产税回扣或退税的优惠：凡进入贸易区的货物，经海关确认为出口商品，出口商可以享受国产税回扣或退税的待遇。一般来说，从对外贸易区出口的货物有 6 类：①通过对外贸易区转口第三国的外国货物；②外国货物在对外贸易区加工后，再转口外国；③外国货物在对外贸易区与美国原材料或零件混合加工或组装后，再出口；④全部利用外国原材料在对外贸易区生产并出口的货物；⑤外国原材料与零件在对外贸易区内结合生产并出口的产品；⑥通过对外贸易区进口美国货物。前5类货物中的外国货物或原材料，不管是保持原状，还是已经加工或增值都免征关税。联邦货物税和州及地方的存货税也不受配额限制。同时，外商可利用区内的设施向其他国家和地区推销商品，也可以在区内对产品进行再加工以满足市场的特殊需求。第⑥类美国货物进入对外贸易区，视同出口，缴纳按有关规定可退还已征收的货物中外国原材料或零件的关税，并可申请退还进口货物联邦货物税。出口商还可以把有缺陷的零部件运进对外贸易区，然后把它销毁，仍可视同出口而申请退税。由此可见，对外贸易区主要是通过减免、退还工业制品中外国零件或材料的关税，或联邦货物税来降低出口成本，提高其在国际市场的竞争力。对外贸易区获益最大的是技术密集型产品。美国商会提倡通过对外贸易区进一步提高计算机、机床、保健用品、通信设备、汽车、航空、工艺设备等商品的竞争力。对外贸易区为出口商提供完善的设备包括水陆空运输设施、装卸设施、储存设施和生产加工设施，还为出口商陈列展销货物。如果出口商认为对外贸易区不能满足其特殊加工需要，还可申请使用辅区。辅区是与对外贸易区分开的专业性自由贸易区，可以为出口商配备工业设备厂房等，以满足其某种特殊需要。除此之外，对外贸易区还提供良好服务，仅收取低廉的管理费用。对外贸易区管理局对使用区内设施规定统一的收费标准，不准经营者或管理者乱收费，以免损害使用者利益。由于美国对外贸易区向出口商提供优惠的待遇，其业务得到迅速发展，尤其是区内的装配，加工制造业发展更快。目前，美国80%的制造商利用对外贸易区开展加工出口业务，对外贸易区已增加到180多个，遍及美国30多个州。对外贸易区的发展，提高了美国的就业率，给外国转口商和美国出口商带来了实惠。拟在美国扩展和开拓贸易销路的外国出口商，可以把货物运到美国对外贸易区无限期贮存，等候美国或邻近国家出现有利行情。等待期间无须办理报关手续，无须缴纳关税或捐税，也无须缴纳保证金。依法运到这些对外贸易区的货物，可以贮存、出售、展览、拆散、重新包装、合并、分散、拣选等，与外国或本国商品混合，或以其他方法处理或制造，借此得到的商品可以出口，也可以转入海关。外国货物按照进入对外贸易区时的原样或在对外贸易区加工后转入美国海关时，必须存入关栈。在处理或制造前处于特惠地位的进口消费品，将依照外国商品进入对外贸易区时的状态评定关税；在加工前处于非特惠地位的消费品，将依照其进入市场供消费用时的状态评定关税。

（四）法制保障

美国颁布对外自由贸易区立法的若干年后，才出现第一个实际运作的对外贸易区。美国对外贸易区的批准设立和运作依据联邦政府发布的《对外贸易区法案》，对其进行海关关税滞免等制度安排。1950 年美国国会对《对外贸易区法案》做出修订，将允许区内进行加工制造活动。1991 年，美国对外自由贸易区委员会颁布新的管理条例，将区内功能进行进一步扩展。1999 年进一步修订法案，对外自由贸易区委员会允许为特定企业设立专门分区，为企业提供更多加工制造业服务，鼓励进口深加工工业的发展。经过一系列政策调整，美国对外自由贸易区迅速发展。从美国较为健全的法制来看，对外自由贸易区建设属于立法先行、建区在后，针对不同时期经济发展，美国《对外贸易区法案》经过不断修改与完善，为自由贸易园区的建设提供法律保障。

第三节
欧洲自由贸易园区

一、基本概况

欧洲自由贸易园区也称“大自由贸易区”，是欧洲经济共同体与其他若干欧洲国家组成的自由贸易区。无统一超国家组织机构，由欧洲经济共同体于 1972 年 7 月分别与瑞典、瑞士、奥地利、葡萄牙、冰岛、列支敦士登、芬兰签约组成，1973 年 5 月挪威加入。各国与欧洲经济共同体签订的协定都统一规定：凡参加大自由贸易区的国家从 1973 年 4 月 1 日起，以 5 年为过渡期，分为 5 个阶段，每个阶段平均削减工业品 20% 关税，最后实现工业品在缔约国间完全免除关税，少数产品可延长过渡期 7~11 年；协定一经生效，商品数量限制即予取消；区外国家的关税率，由各缔约国自定。1977 年 7 月 1 日，提前实现上述目标，并免除部分农产品贸易关税。目前，欧洲自由贸易区典型自由贸易园区有德国汉堡港、爱尔兰香农自由贸易区。德国汉堡港依托汉堡港建立，由一条被称为“关界围墙”（长 23.5 千米，高 3 米）的金属栅栏与其他港区隔开，面积约为 16.2 平方千米，拥有 180 多万平方米的储存区，建有 160 万平方米的集装箱中心，并设有火车站。陆上通道关卡有25个，海路通道关卡12个，面积约为16.2平方千米，可开展货物转船、储存、流通及船舶建造等业务。汉堡港的优势在于其物流效率，对进出的船只和货物给予最大限度的自由，这种自由贯穿于货物卸船、运输、再装运的整个过程。汉堡地处中欧，具有优越的地理位置，竞争优势明显，途径基尔运河能够方便快捷到达整个波罗的海地区，经由发达的水陆运输通道直抵中欧与东欧广袤的腹地，这为汉堡提供了便捷通道。同时，汉堡是德国最大贸易和工业城市，优越的地理位置与便利的交通，使德国汉堡具有强大的吸引力。从1888年10月15日正式建立，在其125年的发展历史中，占汉堡港区大约1/5的汉堡自由港曾跻身世界上规模较大的经济自由区之一。

汉堡自由贸易港区功能定位：①物流中心。汉堡自由港是欧洲发展最快、最高效的物流基地。依托优越的地理位置，将河运、海运结成一张网，与世界各地大多数海港直接通航，被称为“两海三河之港”。铁路货运网密度居欧洲之首，公路网也四通八达。汉堡不仅依靠关税优惠吸引贸易，更重要的是注重提升港口物流效率和服务，为5700多家物流公司提供了一整套完备的增值服务，在世界范围内形成了一个完整的物流上下游产业链。②加工贸易中心。许多企业在港区内建立加工厂，尤其生产加工一些高附加值产品，例如咖啡、茶叶、纸张、可可等，并配合货物清关和税务优惠政策等多种方式形成了一套完整的加工贸易体系。③会展产业中心。德国会展业历史悠久，实力雄厚。全世界有较大影响力的展览会有210个，其中德国就占了130多个，被誉为“世界展览王国”。汉堡依托港城联动大力发展会展业，汉堡国际展览中心面积达8.7万平方米，有11个展览大厅，每年举办1.2万场各类展览，有超过70万人参展。其会展业发展主要有以下特点：一是政府高度重视会展业发展。通过多种方式进行扶持，会展公司大都由政府控股,实行企业化管理。二是拥有完善的配套设施和良好的服务。除为参展商提供一条龙参展服务外，很多展览公司还拥有自己的展览专用火车和电车，为客商和观众提供高效便捷的交通服务，也可提供“凭展览门票免费乘坐市政交通前往展场”服务。三是有高度协作的行业协会。德国会展业协会是德国会展业界最重要的协会，负责与政府和会展公司的沟通协调，协调德国所有国内外展览活动，对会展进行调研评估，为会展公司提供政策法律咨询以及专业人才培训，为德国会展业的繁荣发展做出重大贡献。四是专业人才培养。从政府、高校、行业协会和企业四个层面加以推进，政府还负责为行业协会和会展公司的人才教育与培训提供大量的资助。德国的专科院校一般都会开设会展专业，系统传授会展理论和知识，并重视实践教学，与会展公司建立长期合作关系。

香农国际航空港自由贸易区又称香农开发区，创建于 1958 年，占地面积达 2.43 平方千米，毗邻爱尔兰克莱尔郡香农国际机场。依托享受特殊的税收优惠政策，区内吸引了大量的跨国公司。随后 1959 年，爱尔兰香农自由区建立，这通常被认为是世界上第一个真正意义上的自由贸易园区，不再是以海港为基础建立的自由港模式。香农自由贸易园区地处于北美和欧洲大陆的中轴线上，曾经是飞机燃料补给的重要中途站，由此带动了当地航空服务业的发展，香农国际机场从而成为世界上最早的机场之一。之所以称为香农自由贸易园区，是由于它是以香农航空港为特征的自由港的陆域拓展。爱尔兰建立了世界上最早以出口加工业为主的自由贸易区，以其免税优惠和低成本优势吸引了大批外国企业。主要行业包括航空业、信息通信技术、计算机软件和电子产品、国际服务、工程配送、化学及制药等。区内拥有 100 多家外商投资制造业企业、航空服务企业及国际金融及财务服务企业，在自由贸易区注册的公司进口物品（包括主要设备）免征增值税。几十年来，不但为爱尔兰经济发展做出了重要贡献，也为世界上不少国家的开放型经济发展提供了有益借鉴。得益于自由区的建设，香农迅速从中西部贫穷落后的农业经济走向工业化，之后又从服务型经济步入知识经济时代，始终走在爱尔兰经济发展的前沿。

二、管理体制

汉堡自由贸易港区管理采取政企合作方式，由州政府主导港区建设与规划，并进行管理监督活动，最后授权私人企业进行经营管理。首先，由汉堡州政府负责总体规划与土地使用。港区土地和水域归州政府所有，汉堡政府负责规划港区水域范围、规定在港区内可进行的活动、出租土地或建有基础设施土地等。州政府严格控制可在港区作业的货物和禁止作业的货物，确定港内经济活动法则，同时，港区内的土地属于私人范围可供转让，当州政府享有优先受让权。其次，汉堡州经济和劳工事务部负责日常管理。汉堡自由贸易园区并没有设立港务局，所以港区内所有日常事务皆由汉堡州经济和劳工事务部负责，主要职能有：制定港区内的法律制度，确定港口活动方向；规划与建设港区内基础设施，有权租赁给经营者使用；维护港区内建设基础设施，管理港内航道；制定港内交通规则；对港区内的经济活动进行监督管理；征收相关费用等。最后，汉堡港作业由私人企业承包运作。企业经营者从州政府手中租用土地，同时向政府支付土地租用费。在自由贸易港区，州政府鼓励多种类型公司进入区内，进行自主经营，同时还鼓励不论是码头集装箱还是卸装公司或其他公司进行相互竞争。此外，州政府还制定港口租金、港口使用费、引航费，给予在自由贸易港区经营企业更多优惠政策。

爱尔兰自由贸易园区管理体制是由爱尔兰政府决定成立香农开发公司,进行统筹整个香农自由贸易园区。根据不同时期战略规划的需求,香农公司逐步在工业、旅游业、科技型工业等领域取得不错成果，推动园区产业升级转型，使香农自由贸易园区持续稳定发展。

三、管理政策

（一）汉堡自由贸易港区的管理政策

汉堡自由贸易港区具有高效的管理体系。成立经政府授权的专门机构，负责管理和协调自由贸易区的整体事务。特别是自由贸易区与城市功能的相互促进，带动了周边城市经济发展。汉堡自由港对进出的船只和货物给予最大限度的自由，提供自由和便捷的管理措施。汉堡自由港转口贸易带动了金融、保险等第三产业的发展，使汉堡成为德国的金融中心之一。汉堡港的所有基础设施建设和维修费用均由州政府支付，每年用于港口的预算由州议会批准。港口收入包括使用费、租金和税金等，全部进入州政府财政。同时，鼓励港内同类型的服务公司相互竞争，以确保服务质量。在港区企业人员管理方面，自由港严格执行证件制度，港区不允许人员居住，车辆人员出入港均需经过严格检查，以切实维护自由港运行秩序。

汉堡自由贸易港区具有完善的监管手段。汉堡大力推进电子化报关工作，货物抵港前 30 天相关信息就已提交到海关，大多数货物抵港时不再需要由海关进行物理接触式检查，也不必再前往海关检查站办理手续，通关效率大大提高。汉堡加入《国际船舶和港口设施保安规则》，所有拟进入欧盟境内的货物均须提前准确申报，相关数据在各成员国间共享。海关结合船运企业以往业务等情况，对申报信息进行综合风险评估，对有违法前科、有被举报线索以及首次出现的企业，在货物到港后有针对性地重点检查，而遵纪守法的企业则可获得海关特别认证，这大大提高了港口的工作效率。通过设置安全围栏、视频监控、海关与警方人员定时区内巡逻、海警船海上巡逻、定期检查港区仓库存货情况、对货物实行抽检等方式，防止危险品（如武器及奢侈品）等货物走私，保障公众安全与国家经济利益。

汉堡自由贸易港区具有优惠的关税条件。船只从海上进入或离开自由港驶往海外无须向海关结关，船舶航行时只要在船上挂一面“关旗”，就可不受海关任何干涉；进出或转运货物在自由港装卸、转船和储存不受海关任何限制，货物进出不要求每批立即申报与查验，45 天之内转口的货物无须记录；货物只有从自由港输入欧盟市场时才需向海关结关，缴纳关税及其他进口税。

（二）香农自由贸易园区的管理政策

爱尔兰既是欧盟成员国，也是欧元区国家，经济发展以欧洲大市场为依托。爱尔兰与欧美的天然联系使很多欧美公司优先考虑来爱尔兰投资，据统计，香农自由贸易园区的外国投资中 94% 来自欧美国家，其中美国投资占 57%。

香农自由贸易园区具有先进完善的基础设施。香农自由贸易园区大力推进基础设施建设，使航空运输发达，陆运与海运交通便利；光纤通信与宽带网络联接欧洲、美国主要大城市；完善的公共场所与生产厂房等设施可供租赁或购买，水、电等能源供应充足。香农自由贸易园区获得雄厚的科研支持。通过与高等院校密切合作，充分发挥其知识资源和科研设施方面的优势。开发区内的利默里克大学、利默里克工学院等高校科研力量雄厚，有着良好的科研与实业相结合的传统。香农自由贸易园区具有充足的人力资源。爱尔兰全国的大学为开发区培养出其所需的科学、工程技术及商业管理等方面的大量优秀人才。另外，熟练技术工人充足，整体劳动力素质较高。提供优惠的税收政策。区内提供优惠的鼓励投资的税收、融资、财政等方面的经济支持，有健全、高效的配套服务业。香农自由贸易园区具有大量丰富的旅游资源，推动区内文化产业发展。区内保证高质量的生活条件。香农自由贸易区成立后，促进了爱尔兰工业制成品的出口贸易，出口贸易额不断增长，为爱尔兰自由贸易园区获得大量的外汇收入。香农自由贸易区的发展还促进了附近地区的发展。同时，它还为爱尔兰培养了大批企业管理人员和技术人员。

为适应国际经济发展需要，香农开发公司开始探索发展知识经济型的香农开发区。香农国际航空港自由贸易区除建立了利默里克国家技术园外，还建立了凯里技术园、提拍雷里技术园以及恩尼斯信息时代园和博尔技术中心，并在园区内建立了香农和利默里克两个宽带网络。2004 年，香农开发公司提出了“2020 发展规划”。该规划拟通过提升区内基础设施和其他各种服务支持，建立以利默里克市、恩尼斯镇和香农镇为核心的战略中心网络，逐步使该网络带动整个香农自由贸易园区成为爱尔兰经济增长的引擎，同时拟建立连接格尔威、利默里克和科克的包含技术、旅游和相关领域的“大西洋联盟”，并利用各地相对优势大力发展区内重点城镇，吸引外资流向这些地区。另外，还拟充分利用当地的自然资源和潜在的增长及竞争因素，引进新的技术和创造性地利用各种信息，进行区内欠发达的农业开发，积极推进实现香农自由贸易园区从服务型经济向知识型经济的飞跃。

第四节 拉丁美洲自由贸易园区

一、基本概况

拉丁美洲自由贸易园区的代表性园区有巴拿马科隆自由贸易区、巴西玛瑙斯自由贸易区、智利伊基克自由贸易区。科隆自由贸易区成立于 1948 年，占地约为 600 英亩，位于巴拿马运河大西洋岸，优越的地理位置、便利的交通运输，加上巴拿马以美元货币作为流通货币、无外汇管制、金融服务便捷，使之成为拉丁美洲重要的国际贸易中心之一。同时，科隆自由贸易区是西半球最大的自由贸易区，也是仅次于中国香港的世界第二大免税贸易港，与运河和金融业并列为巴拿马经济三大支柱。2006 年科隆自由贸易区的全年贸易总额首次突破 140 亿美元大关，达到 145.6 亿美元，其中进口与转口贸易额分别为 70.4 亿美元和 75.2 亿美元。2012 年科隆自由贸易区的全年贸易总额达 291.65 亿美元。科隆自由贸易区内转口商通常属偏中、大型，进口量大，主要为亚洲商品，强调低价；其供货来源主要为中国、美国、日本、意大利、韩国等；出口市场主要为委内瑞拉、哥伦比亚、厄瓜多尔、巴拿马、危地马拉、墨西哥、哥斯达黎加、美国、古巴、巴西等。据统计，目前巴拿马全国范围内共有 16 个自由区。按照功能可细分为商业自由区、工业自由区、服务业自由区、物流自由区、特别经济区、出口加工区、自由贸易区和综合自由区。主要从事商业、工业、服务业、物流、制造业、出口加工、高新技术产业、贸易等。

1967 年，巴西政府颁布第 288 号法令，正式批准巴西玛瑙斯自由贸易园区建立，占地面积达 221 平方千米，约为国土面积的 25%，是拉丁美洲第一个自由贸易园区，同时也是世界面积最大的自由贸易园区。玛瑙斯自由贸易园区的建立，成为巴西的“进出口走廊”，为巴西开辟了一个迅速引进外资和技术的通道，直接推动了 20 世纪 70 年代巴西经济高速增长的奇迹。玛瑙斯自由贸易园区成立经历了三个发展阶段：一是商业服务业发展阶段。亚马逊地区具有独特的自然景观和便利的水路交通，玛瑙斯自由贸易园区充分利用地理及自然优势，大力发展商业和以旅游为代表的服务业，取得卓越成效。二是工业发展阶段。1971 年，在发展商业和旅游业的基础上，巴西政府又开辟了专门的工业区，大力发展工业，使工业产值稳步提升。三是农牧业发展阶段。该时期巴西政府再次划出 59 万平方千米土地用来种植粮食、咖啡等产品，并设立农牧业发展基地，以满足园区对农副产品的需求。玛瑙斯自由贸易园区经过长达 40 余年的发展，形成了目前工、商、农、牧共同发展的局面，同时形成了以玛瑙斯为中心、以西亚马逊地区为腹地的两大开放体系，园区引进的外资、先进技术最大限度辐射至周边地区，以园区为轴心带动了西部、西北部落后地区的经济发展。如今的玛瑙斯自由贸易区已经成为一个特色鲜明、规模宏大、效益显著的自由贸易区，成为巴西的第三大经济区，不仅是拉丁美洲最大的自由贸易区之一，也是巴西参与经济全球化的主要渠道之一。

1975 年，智利伊基克自由贸易区设立于伊基克市北部港口，占地总面积约240公顷，自由贸易园区得天独厚的地理位置，伊基克地处南美洲大陆中西部的太平洋东岸，周围与秘鲁、玻利维亚和阿根廷三国毗邻，通过三条连接太平洋和大西洋的陆路通道和空运交通工具，直接通往巴拉圭、乌拉圭和巴西的西部地区。并且拥有吃水近10米和年吞吐能力可达300余万吨货物的天然良港，使其成为沟通南美地区与亚太谷地国家的枢纽和门户。世界各国进行贸易往来，自由贸易园区主要经营来自美国、中国、日本等多国的电器、纺织服装、汽车、家具、机械设备等。其丰富的自然资源，使自由贸易区除主要经营国际贸易外，还生产铜、金、盐、碘、硼等。随着玻利维亚、巴拉圭两个内陆国家及秘鲁、阿根廷和巴西等国经济的不断发展和对外开放政策的实施，自由贸易区的商品外销市场日益扩大。

经过近40年的发展，现已成为本国乃至南美最大的商品集散地，不仅销售至智利本国，重点辐射玻利维亚、秘鲁、巴西、阿根廷、巴拉圭、厄瓜多尔等多个周边国家。

二、管理体制

科隆自由贸易区管理严密，巴拿马自由贸易区由工商部政府部门设管理委员会，负责管理和组织本国和外国企业从事进口、展销、制造、装配和转口业务，为办公机构出租和修建住房、厂房、出租地皮、批准外国人在区内经商等。另外，区内为外国公司从事进出口和其他业务提供了诸多方便，如区内建有可供外商租用的数十座仓库，租期一般为20年，到期还可续租；允许外国公司从事各种商品、制成品、原材料、集装箱办理运入、储存、展出、开包、制造、包装、分装、装配、精制、净化、混合、改型、调配等业务。另外，巴拿马还成立自由区协会组织，对自由区及区内企业和人员进行协调，提供便利和服务，推动各自由区良性发展。

玛瑙斯自由贸易园区根据巴西联邦政府法令，设立直属中央的自由贸易区管理委员会。玛瑙斯自由贸易园区由自由贸易园区管理局统一管理，该局负责制定自由贸易园区发展的各项方针和政策，并下设计划司、营运司、管理司、其他事务司。管理局负责人职务为总监，下设四个副总监，采取委任制，由总统直接任命。总监与州长平级，行使在自由贸易园区的权利。副总监协助总监各分管一个司。自由贸易园区管理局是一个跨地区性质的机构，促进西亚马逊地区的协调发展是该机构的主要职责。

智利伊基克自由贸易园区管理体制采用私人企业运营模式，智利伊基克政府将大量权力授权于伊基克自由区股份有限公司。园区内的实际管理者是伊基克自由区股份有限公司，他们主要为国内外用户提供仓储、信息和警卫服务，收取合理的费用。其主要职能是：受理用户的申请，与其签署使用权转让合同，并监督其履行义务；投资兴建道路、办公楼、厂房、仓库等供客户使用的基础设施，同时出租土地用于工业或商业活动；掌握所有商品的进出情况，办理进货申报和出口。政府的大力放权、适时监督，让企业进行自主发展，经过多年检验成果，也取得不错成绩。

三、管理政策

（一）投资管理

巴拿马政府和自由区管理机构为区内企业和人员提供了大量便利服务，区内企业在注册、审批等方面门槛较低，手续简便快捷。例如，科隆自由区有近30家各国银行和物流公司为区内企业提供便利的金融和物流服务；有13个政府相关部门在太平洋特别经济区设有专门办事机构，为区内企业和人员提供不出园区的“一站式”行政审批手续服务。进口到巴拿马的商品在通过巴拿马海关时必须由一家报关行办理结关手续，报关行必须是在巴拿马海关办理过代理报关注册登记，并获批准的具有法人资格的公司或企业。代理行一般须准备下列票证：进口货物的报关单、有关发票、装箱单、进口货物提单或运单。结关程序是：报关行必须向海关提交一份包括全部进口货物的报关单，并附上经过核实的领事发票和提单以及进口商已经缴纳了巴拿马所得税的法律证明。领事发票是驻出口国的巴拿马领事馆签发的一种特定格式的发票，一般包括托运人与收货人的名称与地址、装运港、目的港、运输方式等，标记号码应与提单相符。其作用是证明进口商品是否与原产地相符，证明所填写的货物名称、单价、数量是否属实，还可以作为巴拿马征税的依据。

由于复杂的历史渊源，智利伊基克被选作对外开放试点，成为自由贸易园区。伊基克自由贸易园区由自由区公司管理委员会统一管理和提供服务，在投资政策上实行投资完全自由化，区内准许外国技术转让，建立外资独资合资企业，鼓励私人投资。任何本国或外国公民均可申请和经批准后在自由区成立公司，从事商业、工业和贸易活动，可无限期地仓储货物，可转口或销售至智利内地或其他国家。园区着眼于服务业的开放和发展，除了具有加工贸易和货物自由进出以及转口贸易的传统自由贸易区功能之外，还开辟了3万平方米的商品零售市场和超过2平方千米的交易服务区。不仅如此，还实行金融自由化，数十家银行在区内设立分行，实行货币自由兑换。其他的多个服务行业都对外开放，可以在这里自由开业，政府也设立了国家消费服务中心。更为特别的是，海关实行境内关外最大限度的自由化海关监管措施，物流的自由化和海关自由化措施使伊基克自由贸易园区成为一大跨国物流中心。管理委员会还允许在区内的公司生产的同时批发和零售商品，导致自由贸易区内制造业也得到很大的发展，产值达数十亿美元。

（二）税收优惠

巴拿马园区内的企业在进口税、增值税、所得税、股息税、生产税、投资税、牌照费、手续费等国家和地方税费方面都可以获得减免。在进口货物到达巴拿马的24小时之内，报关行若有正当理由不能提交领事发票和提单，则须缴纳2倍进口税额的保证金，这样才允许办理货物结关手续。报关行若在90日的期限内以适当形式提交上述规定的文件，保证金将予以退还。进口货物在结清关税后若在24小时之内从海关运走，则要缴纳海关保管费。保管费用必须在货物运走之前结清。当累计的海关保管费与货物的价值相等时，海关将拍卖所保管的进口货物，以抵消货物的保管费。所有到达巴拿马城和科隆市的货物，如果是转装他船，必须储存在政府指定的特殊仓库里。货物存仓与再出口一些存放在海关仓库的货物，虽然已被确定为将被重新装船转口，但是在特殊情况下，只要得到巴拿马有关部门的批准以及缴纳了2倍的所有有关费用之后，就可在巴拿马境内销售或消费。只要进口商愿意，货物就可申报存进仓库。如果进口商没有自己的保税仓库，货物可存放在政府开办的仓库中，期限为6个月。如果上述货物在6个月之内没有被再出口或者没有缴纳仓储费，货物将被视为自动放弃。另外，巴拿马政府在巴拿马城建有保税仓库，而且在运河区设有直接把货物交付给经过巴拿马运河货轮的仓库，这些货物也可供在运河区从事这一业务的承包人所消费。

玛瑙斯自由贸易园区与国际同类市场相比仓储费用极低，实行境内关外保税制度，即货物进入玛瑙斯无需立刻缴税，可等到货物出关进入巴西市场时再缴纳。进口商品进口入关无需结汇，保税仓储时限最长为五年。简化自由贸易园区投资手续。国外企业只需向自由贸易园区管理委员进行申请审批，获得批准后，就可以获得各种优惠。项目报批中比较重要的是进口配额的申请，特别是从事组装为主的生产企业，更要在报批时申请到足够的配额，否则无法保证原材料或组装件的进口。配额数量每年审查并酌情予以增减。巴西其他州的企业通过玛瑙斯自由区进口的商品也可享受减免。不仅如此，自由贸易园区更加注重经济活动发展与环境保护相结合。玛瑙斯自由贸易园区把保护环境的重要性放在企业生产前面，规定凡是进入园区内进行生产经营活动的企业，必须按照相关规定进行严格操作。凡是破坏环境的企业将面临处罚甚至禁止进入园区进行经济活动。巴西税负繁重，而自由贸易园区核心政策都是围绕免税与减税措施。首先，凡是进入自由贸易园区的货物，都减免关税，包括在园区内进行消费、转出口、加工制造等都不需要获得许可证，全部免征进口关税。同时，对于区内出口的商品，除了征收营业税，不征收其他税，仅对自由贸易区内储存的来自国外的商品若是进入巴西其他地区销售时，就需要补缴关税，而巴西其他地区的产品运入自由贸易区，则免缴流通税。其次，工业产品税、流通税的退税等都有不同程度的优惠政策。由于税收优惠政策，极大地激励了巴西经济与对外贸易的发展。推进工商农综合发展工业、共同繁荣。玛瑙斯自由贸易园区将推进工业区、免税商业区和农牧区共同发展，工业区入驻的企业通过引进的技术和资金，形成具有国际竞争力的四大主导产业，包括电子工业、两轮工业、钟表工业、眼镜工业。最后，作为重要的河港，美欧输往巴西国内以及邻近国家的货物，多以玛瑙斯为集散地，货物转港转运、仓储物流、包装分装业等也得到蓬勃发展，这为自由贸易区商业的发展创造了有利的条件。1975 年建立了免税商业区。由于亚马逊地区自然资源丰富，随着工商业的发展，当地的农牧渔业也得到较快发展，为此自由贸易区在距离玛瑙斯市 50 千米的地方成立了规模较大的农牧业区，面积达 60 多万公顷，建设了 170 多个农场，从事农牧业和水果蔬菜生产。

在伊基克自由贸易园区内任何自然人或法人、本国人或外国人经伊基克自由区公司批准，即可开展商业、工业或工商业活动。在自由区内，进出口及仓储货物均无需缴纳海关税和增值税。自由区内企业享有免缴纳一级所得税的权利，进入自由区的本国商品亦免缴增值税。在政局稳定与政策优惠下，经济保持高速持续增长，吸引了大量外资。自由贸易园区是智利北部唯一的免税购物中心。智利政府和海关为此制定免税法规和政策，使这里成为智利和周边各国民众的购物天堂。来自各国的商品到了这里享受零关税和零附加税的政策。旅客享有一定数额的免税商品待遇。

（三）法律保障

针对不同的自由区，巴拿马政府均有单独立法，自由区的运营和管理有法可依，园区内企业和人员的合法权益有充分保障。例如，科隆自由区成立有专门的 1946 年第 18 号法令；太平洋特别经济区有 2004 年的第 41 号法令；其他自由区有 2011 年的第 32 号法令等。

为促进巴西玛瑙斯自由贸易园区更好地发展，巴西政府颁布多项相关政策和法规。巴西在园区运行法律法规方面采取的是先在自由贸易园区进行中央立法，再依法设立自由贸易园区运行和管理的模式，使自由贸易园区在成立伊始便在法律框架内规范化运作。只有自由贸易园区的各级机构、各种政策、业务范围等均受法律约束和保障，国外投资者才能安心地在自由贸易园区进行投资。例如，1957年，国会通过3173号法令，标志着玛瑙斯正式成为自由港。1967年，国会通过288号法令对3173号法令内容进行进一步扩展。1968年，玛瑙斯自由贸易园区在356号法令颁布后，正式将其开发政策辐射至西亚马逊地区。1976年后，巴西政府相继颁布19项法令，对引进外资和国外先进技术给予保护和鼓励，同时保护本国民族工业发展，实现“巴西化”目标。伊基克自由贸易园区严格执法，规范管理。现行“自由区法”于1977年4月25日正式颁布实施。该法最早制定于1973年，后经过多次修改。法律条文及其内容全面、翔实、严谨。为具体落实、执行此法，有关当局还制定了一系列伊基克自由贸易区管理规章制度。四十多年来，上述法律和规章行之有效，关键在于执法者秉公，违法者必究。

第五章

我国自由贸易试验区管理体制比较

自由贸易试验区建设将在原来的保税区基础上加大开放力度、加深国际合作，将最大程度地推动投资贸易便利化以及促进国际间商品和资金的流动，实现资源有效配置。同时，自由贸易试验区的开放力度在不断增加，范围也在不断扩大。2013 年，我国上海自由贸易试验区成立，2014 年又决定增加广东、天津、福建自由贸易试验区建设，再到 2017 年正式挂牌成立辽宁、浙江、河南、武汉、重庆、四川、陕西自由贸易试验区，最终形成从点到线再到面的建设，逐步将先行先试经验和政策推广全国。自由贸易试验区是立足于本国或本地区经济，着眼于降低关税及非关税贸易壁垒，实现投资便利化，从而推动"一带一路"建设。"一带一路"是通过基础设施建设，发展我国与沿线国家之间的经济合作，拓展本国的发展空间，秉承共商、共享、共建原则。"一带一路"是指导自由贸易试验区建设的战略统筹规划，自由贸易试验区建设则是"一带一路"的具体策略实施。"一带一路"强调"走出去"，为国家资金寻求投资机会，寻求新市场，自由贸易试验区重在"引进来"，目标在于引进国外先进技术、资金、管理经验、人力资源等。"一带一路"的"走出去"与自由贸易试验区的"引进来"是相辅相成，互补互助，两者均为我国经济结构转型升级提供助力，也为构建我国全面改革开放新格局铺路。中国建立自由贸易试验区将通过对接"一带一路"，借"海上丝绸之路经济带"建设，以此为平台，是实现本国与其他"一带一路"沿线国家的港口、贸易相连接，降低贸易合作成本。自由贸易试验区对接"一带一路"将立足于自身优势，对于沿海设立的自由贸易试验区，上海先试先行，侧重实现贸易投资便利化；广东着眼于促进内地与粤港澳经济深度合作；天津着重推进京津冀协同发展；福建则侧重深化两岸经济合作。而内陆七大自由贸易试验区也各有特点：辽宁着力打造与提升东北老工业基地；浙江重在推动大宗商品贸易自由化，提升大宗商品全球配置；河南以成为现代综合交通枢纽为使命，将实现贯通南北、连接西北，并将服务“一带一路建设”；湖北将是中部地区承接产业转移、建设战略新兴产业和高技术产业基地；重庆将作为内陆与西部地区融入世界经济的载体；四川重点建设成为“一带一路”和长江经济带互联互通重要枢纽、西部大开发战略重要支点；陕西将着重成为航空航天、商贸物流、能源金融、经济合作和人文交流重要支点。根据各自优势，我国自由贸易试验区在管理体制建设上存在差异，因此，将从投资管理、贸易便利化、金融领域、税收优惠等方面，从横向与国内各大自由贸易试验区进行比较，到纵向与世界各国主要自由贸易园（港）区进行比较。

第一节
我国各大自由贸易试验区管理体制比较

一、管理体制

我国建立以政府主导的综合性自由贸易试验区，总体上设立自由贸易试验区推进工作领导小组及其办公室。上海在工作领导小组下设立上海自由贸易试验区管理委员会并且与浦东新区人民政府合署，领导小组成员由上海市市长、副市长、浦东新区区委书记、相关秘书长和市政府相关部门人员组成，小组办公室设立在发展和改革委员会。以上海先行先试为经验，在不同时期建立自由贸易试验区的省市，借鉴上海管理体制设置。但根据各省市发展特色，具有一定差别：广东、天津、福建都设立工作领导小组及其办公室，工作领导小组下设办公室与上海不同，天津设在商务委员会、广东与福建设在商务厅。在管理委员会的设置上，天津借鉴上海，在工作领导小组下设置，并且整个管理委员会下设四个职能局，即综合改革局、综合协调局、综合监管局及信息服务中心。而广东和福建在省级层面则不设管理委员会，在各自三个片区设片区管理委员会。而辽宁由于自由贸易试验区管理区域涉及不同城市，不仅设置省级工作领导小组，还设置市级工作领导小组、管理委员会及其办公室。浙江在管理委员会下直接设置设综合协调局、政策法规局以及综合服务，并与舟山人民政府、新区管理委员会合署。河南、湖北、四川、陕西四省以及重庆市在自由贸易试验区组织架构整体上相似，四省一市都设立自由贸易试验区推进工作领导小组以及商务厅下设自由贸易试验区工作领导小组办公室。在各自自由贸易试验区办公室下又设立综合信息处、制度创新处和协调指导处。由于四省一市自由贸易试验区管理片区相对较为分散，并没有在领导小组办公室下设自由贸易试验区管理委员会，而是在各自管理片区下设立管理委员会。自由贸易试验区强调的不是政策的洼地，而是制度创新的高地。制度创新需要立法配套，在自由贸易试验区实践推进中，常常碰到自由贸易试验区领导小组、领导小组办公室及管理委员会缺乏立法权等问题。尤其值得注意的是，除上海、天津外，管理委员会都不是省级层面的管理委员会，造成所在城市的立法权相对有限，层级较多的现状会带来沟通协调成本。从简化行政机构和国家制度创新“试验室”的定位出发，建议充分借鉴上海自由贸易试验区管理委员会和浦东新区合署办公及天津自由贸易试验区管理委员会和商务委合署办公，确保自由贸易试验区管理委员会在行政管辖权上对自由贸易试验区各片区全覆盖。

二、投资管理

上海自由贸易试验区为扩大服务业开放。选择金融服务、航运服务、商贸服务、专业服务、文化服务以及社会服务领域扩大开放，暂停或取消投资者资质要求、股比限制、经营范围限制等准入限制措施（银行业机构、信息通信服务除外），营造有利于各类投资者平等准入的市场环境。探索建立负面清单管理模式。借鉴国际通行规则和对外商投资试行准入前国民待遇，研究制订试验区外商投资与国民待遇等不符的负面清单，改革外商投资管理模式。对负面清单之外的领域，按照内外资一致的原则，将外商投资项目由核准制改为备案制，由上海市负责办理；将外商投资企业合同章程审批改为由上海市负责备案管理，备案后按国家有关规定办理相关手续；工商登记与商事登记制度改革相衔接，逐步优化登记流程；完善国家安全审查制度，在试验区内试点开展涉及外资的国家安全审查，构建安全高效的开放型经济体系。在总结试点经验的基础上，逐步形成与国际接轨的外商投资管理制度。构筑对外投资服务促进体系。改革境外投资管理方式，对境外投资开办企业实行以备案制为主的管理方式，对境外投资一般项目实行备案制，由上海市负责备案管理，提高境外投资便利化程度。创新投资服务促进机制，加强境外投资事后管理和服务，形成多部门共享的信息监测平台，做好对外直接投资统计和年检工作。支持试验区内各类投资主体开展多种形式的境外投资。鼓励在试验区设立专业从事境外股权投资的项目公司，支持有条件的投资者设立境外投资股权投资母基金。

在上海投资管理政策的基础上，天津自由贸易试验区稳步扩大开放领域，改革“引进来”和“走出去”投资管理方式，突出重点，创新机制，有效监管，完善服务，探索建立与国际通行做法接轨的基本制度框架。降低投资准入门槛。实施试验区外商投资负面清单制度，减少和取消对外商投资准入限制，提高开放度和透明度。重点选择航运服务、商贸服务、专业服务、文化服务、社会服务等现代服务业和装备制造、新一代信息技术等先进制造业领域扩大对外开放，积极有效吸引外资；金融领域，在完善相关配套措施前提下，研究适当减少对境外投资者资质要求、股权比例、业务范围等准入限制。鼓励跨国公司设立地区性总部、研发中心、销售中心、物流中心和结算中心，鼓励先进制造业延伸价值链，与现代服务业融合发展。支持外资股权投资基金规范创新发展，完善资本金结汇、投资基金管理等新模式，鼓励外资股权投资、创业投资管理机构发起管理人民币股权投资和创业投资基金。允许取得国际资质的外籍和中国港澳台地区专业服务人员和机构，在自由贸易试验区内依照有关规定开展相关业务。允许取得中国注册会计师资格的我国港澳地区专业人士，在自由贸易试验区试点担任合伙制事务所的合伙人。构建对外投资合作服务平台。确立企业及个人对外投资主体地位，支持企业及个人开展多种形式的境外投资合作，在法律法规规定范围内，允许自担风险到各国各地区自由承揽项目。逐步减少个人对外投资的外汇管制。对不涉及敏感国家和地区、敏感行业的境外投资项目全部实行备案制，属市级管理权限的由自由贸易试验区负责备案。建立对外投资合作“一站式”服务平台。加强对外投资合作事后管理和服务，建设多部门信息共享平台，完善境外资产和人员安全风险预警和应急保障体系。鼓励设立从事境外投资的股权投资企业和项目公司，支持设立从事境外投资的股权投资母基金。

广东自由贸易试验区将进一步深入推进粤港澳服务贸易自由化，探索对我国港澳地区更深度的开放，进一步取消或放宽对我国港澳地区投资者的资质要求、股比限制、经营范围等准入限制，重点在金融服务、交通航运服务、商贸服务、专业服务、科技服务等领域取得突破。促进服务要素便捷流动。推进粤港澳服务行业管理标准和规则相衔接。结合国家关于外籍高层次人才认定以及入出境和工作生活待遇政策，研究制定自由贸易试验区港澳及外籍高层次人才认定办法，为高层次人才入出境、在华停居留提供便利，在项目申报、创新创业、评价激励、服务保障等方面给予特殊政策。推进贸易发展方式转变。粤港澳共同加强与“21世纪海上丝绸之路”沿线国家和地区的贸易往来，开拓国际市场。增强国际航运服务功能。建立自由贸易试验区与粤港澳海空港联动机制，建设21世纪海上丝绸之路物流枢纽，探索具有国际竞争力的航运发展制度和协同运作模式。

陕西自由贸易试验区提升利用外资水平，将鼓励外资更多投向高端装备制造、新一代信息技术、新材料、生物医药等先进制造业领域。鼓励跨国公司在自由贸易试验区设立地区总部、研发中心、销售中心、物流中心和结算中心。积极有效引进境外资金、先进技术和高端人才，提升利用外资综合质量。四川自由贸易试验区统筹双向投资合作，允许在试验区内注册的符合条件的中外合资旅行社，从事除中国台湾地区以外的出境旅游业务；鼓励外资企业通过多种形式参与投资医疗服务业；鼓励外资发展“互联网+”健康服务。积极有效引进境外资金、先进技术和高端人才，提升利用外资综合质量。创新国际产能合作，对一般性境外投资项目和设立企业实行备案制。为企业对外投资提供高效优质的金融支持和服务保障；鼓励地方政府引入社会资本在自由贸易试验区内设立境内机构投资者投资基金和境外合作基金。提高办理境外资产评估和抵押处置手续便利化程度。探索开展知识产权、股权、探矿权、采矿权、应收账款、订单、出口退税等抵质押融资业务。推动企业用好“内保外贷”等政策，开展企业“走出去”综合性金融创新服务。加快“中国标准”国际化推广，积极开展与主要贸易国别标准的比对，推动认证认可结果与主要贸易投资合作国家（地区）双向互认。加强我国与港澳地区在项目对接、投资拓展、信息交流、人才培训等方面交流合作，共同赴境外开展基础设施建设和能源资源等合作。深化园区国际合作。坚持引资、引智、引技与优势产业、产品、技术及服务“走出去”相结合，围绕产业合作、科技创新、中小企业合作、职业教育、新型城镇化等领域合作发展，采取“平台＋园区”“政府＋机构＋企业”的共享开放合作模式，支持在试验区内建设国别产业合作园区，推进创新创业、产业升级。探索建立土地节约集约利用新模式，自由贸易试验区内土地可以按不同功能用途混合利用，允许同一地块或同一建筑兼容多种功能，产业用地实行弹性年期供应，根据产业政策和项目类别可采取先租后让、差异化年期出让等供地措施。深化国有企业改革。坚持市场化导向，进一步完善试验区内国有企业现代企业制度，建立健全长效激励约束机制，提升国有资本监管的针对性和有效性。设立国有资本运营平台，提升资本运营能力和水平。鼓励国有企业依托自由贸易试验区探索创新发展新路径。进一步推进自由贸易试验区内国有企业产权多元化改革，稳妥发展混合所有制经济。探索国家铁路运输企业、国家铁路控股合资铁路公司与地方政府合作参与成都国际铁路港运营管理，推动铁路资源有效整合。

浙江自由贸易试验区推进油品储运投资便利化。培育多元化的油品储运主体，鼓励各类主体按照国际标准参与投资建设油品接卸泊位、储运罐区、输油管道等设施。加快试验区港口岸线使用审批程序。完善油品储备体系。以原油为主要品种，积极开展汽油、柴油、航空煤油、液化气等储备，科学合理确定储备品种，探索和创新油品储备模式，建立国储、义储、商储、企储相结合的储存体系和运作模式，允许国储租赁符合条件的民企油罐、商储租赁国有企业商业油罐。建立油品储存可动用应急机制。加强油品储备国际合作。盘活民间闲置的油品储备库资源，为国际组织、跨国石油公司等储存油品。支持与国际产油国共建油品储存基地，加快形成舟山国际油品保税交割体系。建设国际石化基地。建设国际一流的石化基地。按照国家战略布局，实行最严格的环保准入和监管措施，在鱼山岛打造国际一流的石化产业基地。支持基地以原油精炼为基础产品，以乙烯、芳烃等高端产品为特色，完善上下游一体化产业链，加快形成国际一流的石化产业集群。扩大油品加工领域投资开放。鼓励国内外投资商以资源、资金、技术、市场参与建设经营石化基地。允许世界一流石油化工企业以及“一带一路”沿线石油富集国企业参与投资建设。落实产业配套政策。赋予自由贸易试验区内符合条件的油品加工企业原油进口资质和配额，给予原油进口使用权。建设国际油品交易中心。依托浙江大宗商品交易中心，开展原油、成品油、保税燃料油现货交易，条件成熟时开展与期货相关的业务。放宽原油、成品油资质和配额限制，支持赋予符合条件的试验区内企业原油进口和使用资质。支持自由贸易试验区企业积极开展油品离岸和在岸贸易。集聚境内外原油贸易商做强原油现货交易，加快形成具有国际影响力的原油现货交易市场。加快设立舟山国际原油保税交割中心。鼓励在浙江大宗商品交易中心开展原油现货交易。大力发展成品油内外贸分销网络和交易市场。支持在浙江大宗商品交易中心开展成品油现货交易，在扩大现货交易的基础上，支持试验区发展成品油交割、仓储、保税。简化成品油批发资质条件，支持开展成品油内贸分销业务，逐步搭建成品油内贸分销网络。建设东北亚保税燃料油交易中心。加快在中国（浙江）大宗商品交易中心开展保税燃料油现货交易，在扩大现货交易基础上，支持自由贸易试验区发展保税燃料油交割、仓储、保税业务。积极开展天然气交易。加快完善天然气配套管网、码头等基础设施布局，实现管网互联互通。加快石油石化科技研发和人才集聚。积极支持舟山创建以石油石化产业为特色的国家高新技术产业开发区，鼓励在自由贸易试验区内开展石油石化科学研究和技术服务，加快形成国际石油石化人才培养和集聚机制。

三、贸易便利化

上海自由贸易试验区推动贸易转型升级。积极培育贸易新型业态和功能，形成以技术、品牌、质量、服务为核心的外贸竞争新优势，加快提升我国在全球贸易价值链中的地位。鼓励跨国公司建立亚太地区总部，建立整合贸易、物流、结算等功能的营运中心。深化国际贸易结算中心试点，拓展专用账户的服务贸易跨境收付和融资功能。支持试验区内企业发展离岸业务。鼓励企业统筹开展国际国内贸易，实现内外贸一体化发展。探索在试验区内设立国际大宗商品交易和资源配置平台，开展能源产品、基本工业原料和大宗农产品的国际贸易。扩大完善期货保税交割试点，拓展仓单质押融资等功能。加快对外文化贸易基地建设。推动生物医药、软件信息、管理咨询、数据服务等外包业务发展。允许和支持各类融资租赁公司在试验区内设立项目子公司并开展境内外租赁服务。鼓励设立第三方检验鉴定机构，按照国际标准采信其检测结果。试点开展境内外高技术、高附加值的维修业务。加快培育跨境电子商务服务功能,试点建立与之相适应的海关监管、检验检疫、退税、跨境支付、物流等支撑系统。

提升国际航运服务能级。积极发挥外高桥港、洋山深水港、浦东空港国际枢纽港的联动作用，探索形成具有国际竞争力的航运发展制度和运作模式。积极发展航运金融、国际船舶运输、国际船舶管理、国际航运经纪等产业。加快发展航运运价指数衍生品交易业务。推动中转集拼业务发展，允许中资公司拥有或控股拥有的非五星旗船，先行先试外贸进出口集装箱在国内沿海港口和上海港之间的沿海捎带业务。支持浦东机场增加国际中转货运航班。充分发挥上海的区域优势，利用中资“方便旗”船税收优惠政策，促进符合条件的船舶在上海落户登记。

天津自由贸易试验区积极培育新型贸易方式，打造以技术、品牌、质量、服务为核心的外贸竞争新优势，探索形成具有国际竞争力的航运业发展环境。完善国际贸易服务功能。积极探索服务贸易发展的新途径和新模式，搭建服务贸易公共服务平台、服务贸易促进平台，推动现有融资平台依法合规为中小服务贸易企业提供融资服务。按照公平竞争原则，积极发展跨境电子商务，并完善与之相适应的海关监管、检验检疫、退税、跨境支付、物流等支撑系统。发展服务外包业务，建设文化服务贸易基地。建设亚太经济合作组织绿色供应链合作网络天津示范中心，探索建立绿色供应链管理体系，鼓励开展绿色贸易。探索开展财政资金支持形成的知识产权处置和收益管理改革试点，建立华北地区知识产权运营中心，发展知识产权服务业。开展知识产权跨境交易，创新知识产权投融资及保险、风险投资、信托等金融服务，推动建立知识产权质物处置机制。

加快建设国家进口贸易促进创新示范区，促进对外贸易平衡发展。鼓励企业统筹开展国际国内贸易，实现内外贸一体化发展。支持进口先进技术、关键设备及零部件和资源类商品。支持开展汽车平行进口试点，平行进口汽车应符合国家质量安全标准，进口商应承担售后服务、召回、“三包”等责任，并向消费者警示消费风险。建立国际贸易“单一窗口”管理服务模式。在执行现行税收政策的前提下，提升超大超限货物的通关、运输、口岸服务等综合能力。扶持和培育外贸综合服务企业，为从事国际采购的中小企业提供通关、融资、退税、国际结算等服务。在总结期货保税交割试点经验基础上，鼓励国内期货交易所在自由贸易试验区的海关特殊监管区域内开展业务，扩大期货保税交割试点品种，拓展仓单质押融资等功能，推动完善仓单质押融资所涉及的仓单确权等工作。依法合规开展大宗商品现货交易，探索建立与国际大宗商品交易相适应的外汇管理和海关监管制度。在严格执行货物进出口税收政策前提下，允许在海关特殊监管区域内设立保税展示交易平台。开展境内外高技术、高附加值产品的维修业务试点。探索开展境外高技术、高附加值产品的再制造业务试点。允许外商开展机电产品及零部件维修与再制造业务。推动建立检验检疫证书国际联网核查机制，推进标准和结果互认。改革和加强原产地证、签证管理，便利证书申领,强化事中事后监管。鼓励设立第三方检验检测鉴定机构，逐步推动实施第三方结果采信。

增强国际航运服务功能。天津试点的国际船舶登记政策，简化国际船舶运输经营许可流程，形成高效率的船籍登记制度。促进航运要素集聚，探索形成具有国际竞争力的航运发展机制和运作模式。积极发挥天津港和滨海国际机场的海空联动作用。允许设立外商独资国际船舶管理企业。放宽在自由贸易试验区设立的中外合资、中外合作国际船舶企业的外资股比限制。允许外商以合资、合作形式从事公共国际船舶代理业务，外方持股比例放宽至 51%，将外资经营国际船舶管理业务的许可权限下放给天津市。大力发展航运金融、航运保险业，建设中国北方国际航运融资中心，鼓励境内外航运保险公司和保险经纪公司等航运服务中介机构设立营业机构并开展业务。在落实国际船舶登记制度相关配套政策基础上，中方投资人持有船公司的股权比例可低于 50%。充分利用现有中资“方便旗”船税收优惠政策，促进符合条件的船舶在自由贸易试验区落户登记。完善集疏运体系，加密航线航班。推动海运集装箱和航空快件国际中转集拼业务发展。允许中资公司拥有或控股拥有的非五星旗船，试点开展外贸集装箱在国内沿海港口和天津港之间的沿海捎带业务。支持天津滨海国际机场增加国际客货运航班，建设航空物流中心。完善国际邮轮旅游支持政策，提升邮轮旅游供应服务和配套设施水平，建立邮轮旅游岸上配送中心和邮轮旅游营销中心。允许在自由贸易试验区内注册的符合条件的中外合资旅行社，从事除中国台湾地区以外的出境旅游业务。符合条件的地区可按政策规定申请实施境外旅客购物离境退税政策。

广东自由贸易试验区推进贸易发展方式转变。粤港澳共同加强与“21世纪海上丝绸之路”沿线国家和地区的贸易往来，开拓国际市场。鼓励企业在自由贸易试验区设立总部，建立整合物流、贸易、结算等功能的营运中心。探索自由贸易试验区与港澳联动发展离岸贸易。加强粤港澳会展业合作，在严格执行货物进出口税收政策前提下，允许在海关特殊监管区域内设立保税展示交易平台。鼓励融资租赁业创新发展，对注册在自由贸易试验区海关特殊监管区域内的融资租赁企业进出口飞机、船舶和海洋工程结构物等大型设备涉及跨关区的，在确保有效监管和执行现行相关税收政策前提下，按物流实际需要，实行海关异地委托监管。支持在海关特殊监管区域内开展期货保税交割、仓单质押融资等业务。创新粤港澳电子商务互动发展模式。按照公平竞争原则，积极发展跨境电子商务，完善相应的海关监管、检验检疫、退税、跨境支付、物流等支撑系统，加快推进跨境贸易电子商务配套平台建设。拓展服务贸易新领域，搭建服务贸易公共服务平台。建立华南地区知识产权运营中心，探索开展知识产权处置和收益管理改革试点。积极承接服务外包，推进软件研发、工业设计、信息管理等业务发展。加强粤港澳产品检验检测技术和标准研究合作，逐步推进第三方结果采信，逐步扩大粤港澳三方计量服务互认范畴。改革和加强原产地证签证管理，便利证书申领，强化事中事后监管。增强国际航运服务功能，建立自由贸易试验区与粤港澳海空港联动机制，建设“21

世纪海上丝绸之路”物流枢纽，探索具有国际竞争力的航运发展制度和协同运作模式。探索与我国港澳地区在货运代理和货物运输等方面的规范和标准对接，推动我国港澳国际航运高端产业向内地延伸和拓展。积极发展国际船舶运输、国际船舶管理、国际船员服务、国际航运经纪等产业，支持我国港澳地区投资国际远洋、国际航空运输服务，允许在自由贸易试验区试点航空快件国际和我国港澳台中转集拼业务。允许设立外商独资国际船舶管理企业。放宽在自由贸易试验区设立的中外合资、中外合作国际船舶企业的外资股比限制。促进航运金融发展，建设航运交易信息平台，发展航运电子商务、支付结算等业务，推进组建专业化地方法人航运保险机构，允许境内外保险公司和保险经纪公司等服务中介设立营业机构并开展航运保险业务，探索航运运价指数场外衍生品开发与交易业务。推动中转集拼业务发展，允许中资公司拥有或控股拥有的非五星旗船，试点开展外贸集装箱在国内沿海港口和试验区内港口之间的沿海捎带业务。简化国际船舶运输经营许可程序，优化船舶营运、检验与登记业务流程，形成高效率的船舶登记制度。

福建自由贸易试验区拓展新型贸易方式。按照国家规定建设服务实体经济的国际国内大宗商品交易和资源配置平台，开展大宗商品国际贸易。按照公平竞争原则，发展跨境电子商务，完善与之相适应的海关监管、检验检疫、退税、跨境支付、物流等支撑系统。在严格执行货物进出口税收政策前提下，允许在海关特殊监管区内设立保税展示交易平台。符合条件的地区可按政策规定申请实施境外旅客购物离境退税政策。允许境内期货交易所开展期货保税交割试点。推进动漫创意、信息管理、数据处理、供应链管理、飞机及零部件维修等服务外包业务发展。开展飞机等高技术含量、高附加值产品境内外维修业务试点，建立整合物流、贸易、结算等功能的营运中心。允许自由贸易试验区试点海运快件国际和我国港澳台中转集拼业务。支持推动自由贸易试验区内符合条件的对外开放口岸对部分国家人员实施 72 小时过境免签证政策。结合上海试点实施情况，在统筹评估政策成效基础上，研究实施启运港退税试点政策。推进通关机制创新。建设国际贸易“单一窗口”，全程实施无纸化通关。推进自由贸易试验区内各区域之间通关一体化。简化《内地与香港关于建立更紧密经贸关系的安排》《内地与澳门关于建立更紧密经贸关系的安排》以及《海峡两岸经济合作框架协议》下货物进口原产地证书提交需求。在确保有效监管前提下，简化自由贸易试验区内的海关特殊监管区域产品内销手续，促进内销便利化。支持自由贸易试验区与“21 世纪海上丝绸之路”沿线国家和地区开展海关、检验检疫、认证认可、标准计量等方面的合作与交流，探索实施与“21 世纪海上丝绸之路”沿线国家和地区开展贸易供应链安全与便利合作。

陕西自由贸易试验区探索创新服务贸易发展模式，扩大服务贸易双向开放。建立以政府部门“服务清单”制度为核心的服务贸易服务体系，建立一批具有项目对接、海外市场拓展、技术共享等功能的服务贸易公共服务平台。大力发展生产性服务贸易，引导出口企业从生产型企业向生产服务型企业转变，推动金融、保险、物流、信息、研发设计等资本和技术密集型服务出口。推进企业依托海关特殊监管区域开展面向国内外市场的高技术、高附加值的检测维修等保税服务业务。巩固提高旅游、航空运输等传统服务业竞争力，大力促进文化艺术、数字出版、动漫游戏开发、软件开发测试、中医药、技术等服务贸易发展。打造服务外包产业集聚区，培育一批领头企业和国际品牌，提高服务外包产业国际竞争力。支持知识产权服务业集聚发展，完善挂牌竞价、交易、信息检索、政策咨询、价值评估等功能，推动知识产权跨境交易便利化。完善通关合作机制。开展货物通关、贸易统计、原产地证书核查、“经认证的经营者”互认、检验检测认证等方面合作，逐步实现信息互换、监管互认、执法互助。支持自由贸易试验区与“一带一路”沿线国家开展海关、检验检疫、认证认可、标准计量等方面的合作与交流，探索与“一带一路”沿线国家开展贸易供应链安全与便利合作。推进自由贸易试验区内各区域之间通关一体化。

重庆自由贸易试验区促进加工贸易转型升级，充分发挥重庆作为加工贸易承接转移示范地的优势和作用，在自由贸易试验区打造产业梯度转移的国际加工基地，完善以“整机＋核心零部件＋原材料”为龙头的全流程产业链，推动加工贸易由水平分工变为垂直整合，鼓励向产业链、价值链高端拓展，提高附加值。探索“产业链＋价值链＋物流链”的内陆加工贸易发展新模式。实施仓储企业联网监管，实行加工贸易工单式核销，探索更为先进的核销制度。支持在自由贸易试验区设立符合内销规定的加工贸易产品内销平台，建设加工贸易产品内销后续服务基地。大力培育高端饰品、精密仪器、智能机器人、集成电路、平板显示等加工贸易新产业集群，搭建加工贸易转型升级的技术研发、工业设计、知识产权等公共服务平台，大力发展服务贸易。鼓励跨国公司在自由贸易试验区设立地区性总部、研发中心、销售中心、维修中心、物流中心和结算中心，鼓励先进制造业延伸价值链，与现代服务业融合发展。支持“互联网＋”发展，推进互联网与现代制造产业深度融合，推广大数据分析在商贸服务、医疗、教育、金融和公共管理等领域的应用。大力发展面向设计开发、生产制造、售后服务全过程的检验检测、标准、认证等第三方服务。鼓励开展研发设计、高技术、高附加值产品开发和面向全球市场、风险可控的境内外维修、检测、拆解等业务。依托自由贸易试验区内的海关特殊监管区域，加快发展对外文化贸易，支持开展面向全球的保税文化艺术品的展示、拍卖、交易业务。深化艺术品交易市场功能拓展。培育文化产业，重点发展影视后期制作、光盘复刻、印刷、胶片拷贝等。加快发展新型贸易。支持试验区内企业开展全球维修、国际分拨中转等业务。鼓励开展国内商品海外寄售代销业务。支持发展市场采购贸易。大力发展转口贸易，放宽海运货物直接运输判定标准。在自由贸易试验区海关特殊监管区域内，大力发展临空产业，拓宽进境维修领域，加快发展航空维修业务。允许在试验区海关特殊监管区域内开展进口汽车整车保税仓储业务和保税货物质押融资业务。支持符合条件的境内外机构在试验区内设立金融租赁公司、融资租赁公司，开展飞机、船舶和大型工程设备等融资租赁业务。

四川自由贸易试验区创新文化服务海外推广模式，支持发展以传统手工技艺、武术、戏曲、民族音乐和舞蹈等为代表的非物质文化遗产与旅游、会展、品牌授权相结合的开发模式，鼓励广播影视、新闻出版等企业以项目合作方式进入国际市场，试点国外巡演的商业化运作。大力发展中医药服务贸易，建立四川省中医药服务及贸易大平台，积极与境外开展中药材种植、研发等合作，鼓励开展中医药国际健康旅游线路建设，扩大国际市场。允许境外服务提供者以跨境交付形式提供管理培训、咨询服务。支持试验区与“一带一路”沿线国家开展海关、检验检疫、认证认可、标准计量等方面的合作与交流，探索与“一带一路”沿线国家开展贸易供应链安全与便利合作。优化监管通关流程。实施 24 小时预约通关服务，建立进出口货物口岸放行时间评价体系。健全与跨境电子商务、进口特殊商品指定口岸、外贸综合服务发展相适应的通关管理机制。积极推动实施一体化通关。积极推进无纸化申报、无纸化放行，探索施检过程无纸化。在确保有效监管前提下，鼓励口岸监管部门优化查验机制。建设空、铁、公、水多式联运物流监管中心，多方联网共享物流全程信息，实现多式联运货物“单一窗口”办理。深化保税货物流转模式改革。对资信良好、管理规范、符合海关监管要求的企业，探索实施自动备案、自核单耗和自主核报。试行企业“主动披露”制度，对企业主动报告海关未发现的违规事项，可依法视情节从轻、减轻或不予行政处罚。在确保有效监管前提下，在海关特殊监管区域探索建立货物状态分类监管模式。支持区外法人企业依法在海关特殊监管区域（保税监管场所）内设立分支机构。加强与深圳、珠海等口岸机构的沟通与合作，全面实现供我国港澳地区蔬菜出口直放。

浙江自由贸易试验区推动油品全产业链投资便利化和贸易自由化。建设国际海事服务基地。对照国际通行税收政策，增强国际竞争力，探索研究推动油品全产业链发展的政策措施。建设东北亚保税燃料油加注中心。制定浙江自由贸易试验区国际航行船舶保税油管理办法，将区内国际航行船舶保税加油许可权下放至舟山市人民政府。吸引保税燃料油供应商开展供油服务，鼓励企业总部或结算中心落户，丰富市场竞争主体。加快供油港口、储罐、加注锚地等配套设施建设，合理布局海上保税燃料油加注区域，允许在自由贸易试验区内设立海上保税燃料油供应仓库。在符合监管条件的前提下，允许注册在自由贸易试验区内的企业开展不同税号下保税油品混兑调和。鼓励自由贸易试验区内油品企业生产保税燃料油。允许开展保税燃料油跨关区直供业务。全力优化通关等服务方式，将保税燃料油加注纳入“单一窗口”申报平台，开通挂港加油船舶通航、通关特殊通道，简化和加快加油船舶进出自由贸易试验区通关手续，方便符合条件的船舶驶入特定海域（码头）进行加油操作。提升国际航运服务功能。积极探索有助于促进油品等大宗商品贸易的航运制度和运作模式。适应自由贸易试验区发展需要，支持试验区引导液货危险品运输企业加强整合，实现规模化、集约化发展。大力发展转口贸易，放宽海运货物直接运输判定标准。优化沿海捎带业务监管模式，建设国际油品储运基地。完善油品储运基础设施。加快码头、管网、油罐、地下油库、锚地、物流基地等物流基础设施建设。以原油、成品油为重点，承接全球资源，面向亚太市场，满足国内需求，在舟山离岛片区布局形成大型油品储运基地。

四、金融领域

上海自由贸易试验区在金融领域，通过加快金融制度创新与增加金融服务功能，深化金融领域开放创新。而天津自由贸易试验区深化金融体制改革，实施业务模式创新，培育新型金融市场，加强风险控制，推进投融资便利化、利率市场化和人民币跨境使用，做大做强融资租赁业，服务实体经济发展。推动跨境人民币业务创新发展，鼓励在人民币跨境使用方面先行先试，鼓励企业充分利用境内外两种资源、两个市场,实现跨境融资自由化。支持跨国公司本外币资金集中运营管理。支持自由贸易试验区内符合条件的单位和个人按照规定双向投资于境内外证券期货市场。支持通过自由贸易账户或其他风险可控的方式，促进跨境投融资便利化和资本项目可兑换的先行先试。探索试验区内建立金融消费者权益保护协作机制以及和解、专业调解、仲裁等金融纠纷司法替代性解决机制，鼓励金融行业协会、自律组织独立或者联合依法开展专业调解，建立调解与仲裁、诉讼的对接机制，加大金融消费者维权支持力度，依法维护金融消费者合法权益。支持建立健全证券投资消费者教育服务体系，积极创新自由贸易试验区特色的多元化证券投资消费者教育产品和方式。天津率先推进租赁业政策制度创新,形成与国际接轨的租赁业发展环境。加快建设国家租赁创新示范区。在自由贸易试验区的海关特殊监管区域内，支持设立中国天津租赁平台，推进租赁资产公示等试点。支持设立中国金融租赁登记流转平台，推进租赁资产登记、公示、流转等试点。支持租赁业境外融资，鼓励各类租赁公司扩大跨境人民币资金使用范围。对注册在自由贸易试验区海关特殊监管区域内的融资租赁企业进出口飞机、船舶和海洋工程结构物等大型设备涉及跨关区的，在确保有效监管和执行现行相关税收政策前提下，按物流实际需要，实行海关异地委托监管。

广东自由贸易试验区推动跨境人民币业务创新发展。推动人民币作为自由贸易试验区与我国港澳地区及国外跨境大额贸易和投资计价、结算的主要货币。推动自由贸易试验区与我国港澳地区开展双向人民币融资。支持粤港澳三地机构在自由贸易试验区共同设立人民币海外投贷基金。允许自由贸易试验区金融机构和企业从我国港澳地区及国外借用人民币资金。支持自由贸易试验区内我国港澳资企业的境外母公司按规定在境内资本市场发行人民币债券。研究探索试验区企业在中国香港股票市场发行人民币股票，放宽区内企业在境外发行本外币债券的审批和规模限制，所筹资金根据需要可调回区内使用。支持符合条件的中国港澳金融机构在试验区以人民币进行新设、增资或参股自由贸易试验区内金融机构等直接投资活动，研究探索试验区金融机构与我国港澳地区同业开展跨境人民币信贷资产转让业务。允许自由贸易试验区证券公司、基金管理公司、期货公司、保险公司等非银行金融机构开展与我国港澳地区跨境人民币业务。支持与我国港澳地区开展个人跨境人民币业务创新。

推动适应粤港澳服务贸易自由化的金融创新。完善金融业负面清单准入模式，简化金融机构准入方式，推动试验区金融服务业对我国港澳地区进一步开放。允许符合条件的外国金融机构设立外商独资银行，符合条件的外国金融机构与中国公司、企业出资共同设立中外合资银行。在条件具备时，适时在试验区内试点设立有限牌照银行。降低中国港澳资保险公司进入自由贸易试验区的门槛，支持符合条件的中国港澳保险公司在自由贸易试验区设立分支机构，对进入自由贸易试验区的港澳保险公司分支机构视同内地保险机构，适用相同或相近的监管法规。支持符合条件的港澳保险中介机构进入试验区，适用与内地保险中介机构相同或相近的准入标准和监管法规。在自由贸易试验区建立与粤港澳商贸、旅游、物流、信息等服务贸易自由化相适应的金融服务体系。积极推动个人本外币兑换特许机构、外汇代兑点发展和银行卡使用，便利港元、澳门元在自由贸易试验区兑换使用。推动试验区公共服务领域的支付服务向粤港澳三地银行业开放，允许自由贸易试验区内注册设立的、拟从事支付服务的港澳资非金融机构，在符合支付服务市场发展政策导向以及《非金融机构支付服务管理办法》规定资质条件的前提下，依法从事第三方支付业务。支持符合条件的内地和我国港澳地区机构在自由贸易试验区设立金融租赁公司、融资租赁公司，开展飞机、船舶和海洋工程设备等融资租赁业务。稳妥推进外商投资典当行试点，创新知识产权投融资及保险、风险投资、信托等金融服务，推动建立知识产权质物处置机制。发展与我国港澳地区保险服务贸易，探索与我国港澳地区保险产品互认、资金互通、市场互联的机制。支持自由贸易试验区内符合互认条件的基金产品参与内地与中国香港基金产品互认。允许自由贸易试验区在符合国家规定的前提下开展贵金属除黄金外的跨境现货交易。允许境内期货交易所在自由贸易试验区内的海关特殊监管区域设立大宗商品期货保税交割仓库，支持我国港澳地区企业参与商品期货交易。探索在自由贸易试验区建立粤港澳金融消费者权益保护协作机制以及和解、专业调解、仲裁等金融纠纷司法替代性解决机制，鼓励金融行业协会、自律组织独立或者联合依法开展专业调解，建立调解与仲裁、诉讼的对接机制，加大金融消费者维权支持力度，依法维护金融消费者合法权益。支持建立健全金融消费者教育服务体系，积极创新自由贸易试验区特色的多元化金融消费者教育产品和方式。

福建支持符合条件的自由贸易试验区内机构按照规定双向投资于境内外证券期货场。在合法合规、风险可控前提下，逐步开展商品场外衍生品交易。支持厦门两岸区域性金融服务中心建设。支持境内期货交易所根据需要在平潭设立期货交割仓库。推动两岸金融合作先行先试。在对台小额贸易市场设立外币兑换机构。允许自由贸易试验区银行业金融机构与中国台湾同业开展跨境人民币借款等业务。支持中国台湾地区的银行向自由贸易试验区内企业或项目发放跨境人民币贷款。对自由贸易试验区内的中国台湾金融机构向母公司借用中长期外债实行外债指标单列，并按余额进行管理。在框架协议下，研究探索试验区金融服务业对中国台湾投资进一步开放，降低中国台湾投资的金融机构准入和业务门槛，适度提高参股大陆金融机构持股比例，并参照大陆金融机构监管。支持在试验区设立两岸合资银行等金融机构。探索允许中国台湾地区的银行及其在大陆设立的法人银行在福建省设立的分行参照大陆关于申请设立支行的规定，申请在试验区内设立异地支行。中国台湾地区的银行在大陆的营业性机构经营台资企业人民币业务时，服务对象可包括被认定为视同中国台湾投资者的第三地投资者在试验区设立的企业。在符合相关规定前提下，支持两岸银行业在试验区内进行相关股权投资合作。研究探索中国台湾地区的银行在自由贸易试验区内设立的营业性机构一经开业即可经营人民币业务。允许自由贸易试验区内大陆的商业银行从事代客境外理财业务时，可以投资符合条件的中国台湾金融产品；允许中国台湾投资的金融机构以人民币合格境外机构投资者方式投资试验区内资本市场。研究探索放宽符合条件的中国台湾投资金融机构参股自由贸易试验区证券基金机构股权比例限制。研究探索并允许符合条件的中国台湾投资金融机构按照大陆有关规定在自由贸易试验区内设立合资基金管理公司，中国台湾投资持股比例可达 50% 以上。支持符合条件的中国台湾投资保险公司到试验区设立经营机构，支持福建省股权交易场所拓展业务范围,为中国台湾投资企业提供综合金融服务。加强两岸在金融纠纷调解、仲裁、诉讼及金融消费者维权支持方面的合作，健全多元化纠纷解决渠道。

陕西自由贸易试验区除了探索建立与自由贸易试验区相适应的本外币账户管理体系，促进跨境贸易、投融资便利化。将要推动人民币作为自由贸易试验区与“一带一路”沿线国家跨境贸易和投资计价、结算的主要货币。增强金融服务功能。支持符合条件的“一带一路”沿线国家的金融机构在自由贸易试验区内以人民币直接投资设立或参股金融机构。支持符合条件的法人在试验区内依法设立金融租赁公司、财务公司、汽车金融公司、消费金融公司等金融机构。支持符合条件的境内纯中资民营企业发起设立民营银行。支持全国性中资商业银行、陕西本地银行、符合条件的外资银行在自由贸易试验区内新设分行或营业机构。允许外商投资在自由贸易试验区内新设一家合资证券公司。进一步推进内资融资租赁企业试点，注册在自由贸易试验区内的内资融资租赁试点企业由自由贸易试验区所在省级商务主管部门和同级国家税务局审核。鼓励自由贸易试验区内银行业金融机构为能源、科技、文化、绿色环保等领域企业提供高效优质金融服务。放宽跨国公司外汇资金集中运营管理准入条件。进一步简化资金池管理，允许经银行审核真实、合法的电子单证办理经常项目集中收付汇、轧差净额结算业务。

四川自由贸易试验增强金融服务功能。在符合现行法律法规及政策导向的前提下，支持在自由贸易试验区内设立银行、证券、保险等金融机构。支持外资银行和中外合资银行在自由贸易试验区内设立营业性机构，发挥外资银行跨境业务的网络平台优势，为跨境企业提供综合金融服务。加快发展金融 IC 卡（芯片银行卡）和移动金融，打造金融 IC 卡无障碍示范区。优化境外银行卡刷卡消费环境。支持在自由贸易试验区内设立货币兑换、征信等专业化机构。依托现有交易场所开展长江上游生产要素国际交易业务以及粮食、矿石和建筑材料等大宗商品现货交易业务。支持设立健康、科技、养老等专业保险机构。支持注册在试验区内的法人寿险机构创新发展，鼓励各类保险机构在自由贸易试验区创新特殊风险分散机制，开展特殊风险保险业务。鼓励保险公司创新保险产品，不断拓展责任保险服务领域。建立完善巨灾保险制度。支持专业性保险中介机构等服务机构以及从事再保险业务的社会组织和个人在自由贸易试验区依法开展相关业务，为保险业发展提供专业技术配套服务。探索与“一带一路”沿线国家的金融合作。支持符合条件的“一带一路”沿线国家的金融机构在自由贸易试验区以人民币进行新设、增资或参股自由贸易试验区金融机构等直接投资活动。四川自由贸易试验区发展新兴金融业态。积极引进设立各类金融总部、专业子公司、区域总部等机构。支持民营资本依法合规进入金融业，依法设立财务公司、汽车金融公司和消费金融公司等金融机构，支持符合条件的境内纯中资民营企业发起设立民营银行。地方可结合实际试点设立地方资产管理公司和并购基金等。探索创新金融监管机制。探索建立与自由贸易试验区相适应的新型风险监管体系。落实风险为本的原则，探索建立跨境资金流动风险监管机制，强化开展反洗钱、反恐怖融资、反逃税工作，防止非法资金跨境、跨区流动。鼓励金融行业协会、自律组织独立或者联合依法开展专业调解，建立调解与仲裁、诉讼的对接机制，加大对金融消费者维权的支持力度。支持建立健全金融消费者教育服务体系，积极创新特色多元化金融消费者教育产品和方式。

浙江自由贸易试验区将允许试验区内从事油品等大宗商品为主的交易平台或交易所在约定的商业银行设立贸易专用账户，存放大宗商品交易保证金。支持自由贸易试验区发展与油品贸易相关的总部经济，放宽跨国公司外汇资金集中运营管理的准入条件。自由贸易试验区允许开展油品现期货交易初期采用双币种计价、结算，逐步探索采用人民币计价、结算，推动人民币国际化进程。完善结售汇管理。允许境内外金融机构、金融技术企业、金融信息服务企业参与自由贸易试验区油品交易现货市场建设。逐步允许境外企业参与商品期货交易。加强与国际金融机构和国际油品贸易公司的合作，积极构建与国际接轨的油品贸易信息统计、监测体系，建立油品交易市场风险管理体系。支持融资租赁企业在自由贸易试验区设立特殊项目公司。根据期货保税交割业务需要，允许自由贸易试验区拓展仓单质押融资等功能，推动完善仓单质押融资所涉及的仓单确权等工作。支持在自由贸易试验区内探索设立服务石油行业的专营保险公司或分支机构，设立为保险业发展提供配套服务的保险经纪、保险代理、风险评估、损失理算、法律咨询等专业性保险服务机构。取消对自由贸易试验区内保险支公司高管人员任职资格的事前审批，由自由贸易试验区所在省银行保险监督委员会实施备案管理。创新针对石油行业的特殊风险分散机制，开展能源、化工等特殊风险保险业务，加大再保险对巨灾保险、特殊风险保险的支持力度。

五、法律保障

完善法制保障。加快形成符合试验区发展需要的高标准投资和贸易规则体系。针对试点内容，需要停止实施有关行政法规和国务院文件的部分规定的，按规定程序办理。其中，经全国人民代表大会常务委员会授权，暂时调整《中华人民共和国外资企业法》《中华人民共和国中外合资经营企业法》和《中华人民共和国中外合作经营企业法》规定的有关行政审批，各部门要支持试验区在服务业扩大开放、实施准入前国民待遇和负面清单管理模式等方面深化改革试点，及时解决试点过程中的制度保障问题。优化法治环境。在扩大开放的制度建设上大胆探索、先行先试，加快形成高标准投资贸易规则体系。按照统一、公开、公平原则，试点开展对内对外开放的执法与司法建设，实现各类市场主体公平竞争。强化试验区制度性和程序性法规规章建设，完善公众参与法规规章起草机制，探索委托第三方起草法规规章草案。对涉及试验区投资贸易等商事案件，建立专业化审理机制。完善知识产权管理和执法体制，完善知识产权纠纷调解和维权援助机制，探索建立自由贸易试验区重点产业知识产权快速维权机制。发展国际仲裁、商事调解机制。

天津、广东、福建等地自由贸易试验区法律保障建设，全国人民代表大会常务委员会已经授权国务院，暂时调整《中华人民共和国外资企业法》《中华人民共和国中外合资经营企业法》《中华人民共和国中外合作经营企业法》和《中华人民共和国台湾同胞投资保护法》规定的有关行政审批，自2015年3月1日至2018年2月28日试行。自由贸易试验区需要暂时调整实施有关行政法规、国务院文件和经国务院批准的部门规章的部分规定的，按规定程序办理。各有关部门要支持自由贸易试验区在扩大投资领域开放、实施负面清单管理模式、创新投资管理体制等方面深化改革试点，及时解决试点过程中的制度保障问题。上海、天津、广东、福建通过地方立法，建立与试点要求相适应的试验区管理制度。此外，辽宁、陕西、重庆、四川、浙江、湖北、河南自由贸易试验区需要暂时调整实施有关行政法规、国务院文件和经国务院批准的部门规章的部分规定的，按规定程序办理。各有关部门要支持自由贸易试验区在各领域深化改革开放试点、加大压力测试、加强监管、防控风险，做好与相关法律立改废释的衔接，及时解决试点过程中的制度保障问题。同时，各省市要通过地方立法，建立与试点要求相适应的自由贸易试验区管理制度。

六、税收优惠

上海自由贸易试验区实施促进投资的税收政策。注册在试验区内的企业或个人股东，因非货币性资产对外投资等资产重组行为而产生的资产评估增值部分，可在不超过5年的期限内，分期缴纳所得税。对自由贸易试验区内企业以股份或出资比例等股权形式给予企业高端人才和紧缺人才的奖励，实行已在中关村等地区试点的股权激励个人所得税分期纳税政策。实施促进贸易的税收政策。将自由贸易试验区内注册的融资租赁企业或金融租赁公司在试验区内设立的项目子公司纳入融资租赁出口退税试点范围。对自由贸易试验区内注册的国内租赁公司或租赁公司设立的项目子公司，经国家有关部门批准从境外购买空载重量在25吨以上并租赁给国内航空公司使用的飞机，享受相关进口环节增值税优惠政策。对设在自由贸易试验区内的企业生产、加工并经“二线”销往内地的货物照章征收进口环节增值税、消费税。根据企业申请，试行对该内销货物按其对应进口料件或按实际报验状态征收关税的政策。在现行政策框架下，对试验区内生产企业和生产性服务业企业进口所需的机器、设备等货物予以免税，但生活性服务业等企业进口的货物以及法律、行政法规和相关规定明确不予免税的货物除外。完善启运港退税试点政策，适时研究扩大启运地、承运企业和运输工具等试点范围。此外，在符合税制改革方向和国际惯例，以及不导致利润转移和税基侵蚀的前提下，积极研究完善适应境外股权投资和离岸业务发展的税收政策。

天津、广东、福建、辽宁、河南、湖北、重庆、四川、浙江等地自由贸易试验区有关税收优惠政策实施，在中国（上海）自由贸易试验区已经试点的税收政策原则上可在各自由贸易试验区进行试点，其中促进贸易的选择性征收关税、其他相关进出口税收等政策在试验区内的海关特殊监管区域进行试点。自由贸易试验区内的海关特殊监管区域实施范围和税收政策适用范围维持不变。其中，广东深圳前海深港现代服务业合作区、珠海横琴税收优惠政策不适用于试验区内其他区域。积极研究完善适应境外股权投资和离岸业务发展的税收政策。结合上海试点实施情况，在统筹评估政策成效基础上，研究实施启运港退税政策试点问题。符合条件的地区可按照政策规定申请实施境外旅客购物离境退税政策。福建平潭综合试验区税收优惠政策不适用于福建自由贸易试验区内其他区域。

七、区域特色

我国建立“1+3+7”自由贸易试验区模式，在上海自由贸易试验区总体方案与基本制度框架下，根据各省、直辖市的实际情况，发挥各自特色。上海紧紧围绕面向世界、服务全国的战略要求和上海“四个中心”建设的战略任务，按照先行先试、风险可控、分步推进、逐步完善的方式，把扩大开放与体制改革相结合、把培育功能与政策创新相结合，形成与国际投资、贸易通行规则相衔接的基本制度框架。

（一）天津

天津作为港口城市，环绕北京又与河北相邻。国家推动实施京津冀协同发展战略，将天津打造为国际港口城市与北方经济中心。在京津冀协同发展战略支持下，建设天津自由贸易试验区，发挥天津对外开放高地的综合优势，推动京津冀地区外向型经济发展，构建全方位、多层次、宽领域的区域开放型经济新格局。增强口岸服务辐射功能。完善京津冀海关区域通关一体化和检验检疫通关业务一体化改革。优化内陆无水港布局，支持内陆地区在条件具备时申请设立海关特殊监管区域和保税监管场所。完善天津口岸与无水港之间在途运输监管模式，推动与内陆口岸通关协作，实现相关部门信息互换、监管互认、执法互助。结合上海试点实施情况，在统筹评估政策成效基础上，研究实施启运港退税试点政策。进一步推动津冀两地港口一体化，在优化港口产业结构的同时，实现两地港口间错位发展和优势互补。支持京冀两地在自由贸易试验区建设专属物流园区，开展现代物流业务。完善以天津港为出海口的保税物流网络，将意愿结汇等创新政策辐射延伸至京冀两地及港口腹地。依托亚欧大陆桥连接功能，完善多式联运体系，增强对沿线国家及地区转口贸易服务功能，发挥中蒙俄经济走廊重要节点作用和海上合作战略支点作用，推动“一带一路”建设。促进区域产业转型升级。抓住全球产业重新布局机遇，充分利用国内国外两种资源、两个市场，提高聚集国际资源要素的能力。通过自由贸易试验区高端产业集聚，促进京津冀地区优化现代服务业、先进制造业和战略性新兴产业布局，创新区域经济合作模式。以产业链为纽带，在自由贸易试验区建立市场化运作的产业转移引导基金，促进京津冀地区在研发设计、生产销售和物流配送等环节的协同配合。增强自由贸易试验区大宗商品交易市场的集散功能。加强交易市场互联互通，推动各类资源合理高效流转。鼓励三地企业通过跨区域兼并重组实现产业转型升级，在基础设施、公共设施建设运营领域，推广运用政府和社会资本合作等新型投融资模式。鼓励航运物流、航空航天、装备制造、电子信息、生物医药等产业向自由贸易试验区集聚，形成有利于推动产业集群发展的体制机制，促使自由贸易试验区成为京津冀地区产业转型升级的新引擎。推动区域金融市场一体化。探索京津冀金融改革创新试验，开展金融监管、金融产品和服务方面的创新。加强区域金融监管协作，破除地域限制。在遵守国家规定前提下，京津冀三地产权交易市场、技术交易市场、排污权交易市场和碳排放权交易市场可在自由贸易试验区内开展合作，促进区域排污权指标有偿分配使用。支持金融服务外包企业发展。鼓励和引导互联网金融业健康发展。鼓励自由贸易试验区金融机构探索与京津冀协同发展相适应的产品创新和管理模式创新，优化京津冀地区金融资源配置。构筑服务区域发展的科技创新和人才高地。充分发挥自由贸易试验区和国家自主创新示范区政策叠加优势，将自由贸易试验区打造成具有创新示范和带动作用的区域性创新平台，增强科技进步对经济增长的贡献度。坚持需求导向和产业化方向，推动科研机构、高校、企业协同创新。积极发展科技金融。依法合规开展知识产权转让，建立专利导航产业发展协同工作机制。根据区域特点和发展需求，针对区域创新发展中面临的突出问题，在自由贸易试验区内开展有针对性的政策试点。支持京津冀三地政府按规定共同出资，与国家新兴产业创业投资引导基金、国家科技成果转化引导基金形成合作机制。联合国内外知名股权投资机构共同成立创投基金，在自由贸易试验区先行先试。建立健全科技成果转化交易市场。推动教育部、天津市共建教育国际化综合改革试验区，支持引进境外优质教育资源，开展合作办学。按照国际通行做法探索人才评价方法，实施更加积极的创新人才引进政策，强化激励，吸引领军科学家、企业家、归国创业人员等高端人才，建设国际化人才特区。为符合条件的外国籍高层次人才提供入境及居留便利，进一步简化签证等相关审批程序。

（二）广东

广东省地处中国大陆最南部，东邻福建，北接江西、湖南，西连广西，南临南海，珠江三角洲东西两侧分别与香港特别行政区、澳门特别行政区接壤，西南部雷州半岛隔琼州海峡与海南省相望。广东自由贸易试验区的建立为深入推进粤港澳服务贸易自由化做出贡献。进一步扩大对我国港澳地区服务业开放。在《内地与香港关于建立更紧密经贸关系的安排》《内地与澳门关于建立更紧密经贸关系的安排》及其补充协议（以下统称《安排》）框架下探索对我国港澳地区更深度的开放，进一步取消或放宽对我国港澳地区投资者的资质要求、股比限制、经营范围等准入限制，重点在金融服务、交通航运服务、商贸服务、专业服务、科技服务等领域取得突破。允许港澳地区服务提供者在自由贸易试验区设立独资国际船舶运输企业，经营国际海上船舶运输服务。允许港澳地区服务提供者在自由贸易试验区设立自费出国留学中介服务机构。支持在自由贸易试验区内设立的港澳资旅行社。在自由贸易试验区内试行粤港澳认证及相关检测业务互认制度，实行“一次认证、一次检测、三地通行”，适度放开港澳认证机构进入自由贸易试验区开展认证检测业务，比照内地认证机构、检查机构和实验室，给予港澳地区服务提供者在内地设立的合资与独资认证机构、检查机构和实验室同等待遇。允许港澳地区服务提供者发展高端医疗服务，开展粤港澳医疗机构转诊合作试点。建设具有粤港澳特色的中医药产业基地。优化自由贸易试验区区域布局，规划特定区域，建设港澳地区现代服务业集聚发展区。促进服务要素便捷流动。推进粤港澳服务行业管理标准和规则相衔接。结合国家关于外籍高层次人才认定以及入出境和工作生活待遇政策，研究制订自由贸易试验区港澳地区及外籍高层次人才认定办法，为高层次人才出入境、在中国停居留提供便利，在项目申报、创新创业、评价激励、服务保障等方面给予特殊政策。探索通过特殊机制安排,推进粤港澳服务业人员职业资格互认。探索在自由贸易试验区工作、居住的港澳地区人士社会保障与港澳地区有效衔接。创新粤港澳口岸通关模式，推进建设统一高效、与港澳地区联动的口岸监管机制，加快推进粤港、粤澳之间信息互换、监管互认、执法互助。加快实施澳门特别行政区车辆在横琴与澳门特别行政区间便利进出政策，制定粤港、粤澳游艇出入境便利化措施。支持建设自由贸易试验区至我国国际通信业务出入口局的直达国际数据专用通道，建设互联互通的信息环境。为增强自由贸易试验区辐射带动功能，引领珠三角地区加工贸易转型升级。广东自由贸易试验区发挥高端要素集聚优势，搭建服务于加工贸易转型升级的技术研发、工业设计、知识产权等公共服务平台。在自由贸易试验区发展加工贸易结算业务、建设结算中心，设立符合内销规定的加工贸易产品内销平台，建设加工贸易产品内销后续服务基地。为推进企业依托海关特殊监管区域开展面向国内外市场的高技术、高附加值的检测维修等保税服务业务，允许外商开展机电产品及零部件维修与再制造业务，建立专利导航产业发展工作机制。广东同时打造泛珠三角区域发展综合服务区。广东自由贸易试验区与泛珠三角区域开展广泛的经贸合作，依托自由贸易试验区深化与港澳合作，更好地发挥辐射和带动作用。自由贸易试验区为鼓励企业统筹开展国际国内贸易，形成内外贸相互促进机制。大量扶持和培育外贸综合服务企业，为中小企业提供通关、融资、退税、国际结算等服务。强化对泛珠三角区域的市场集聚和辐射功能，开展大宗商品现货交易和国际贸易，探索构建国际商品交易集散中心、信息中心和价格形成中心。依托我国港澳地区在金融服务、信息资讯、国际贸易网络、风险管理等方面的优势，建设内地企业和个人"走出去"重要窗口。将自由贸易试验区建设成为内地企业和个人"走出去"的窗口和综合服务平台，支持国内企业和个人参与"21 世纪海上丝绸之路"建设。扩大企业和个人对外投资，完善"走出去"政策促进、服务保障和风险防控体系。

（三）福建

福建省连接长江三角洲和珠江三角洲，是中国内地重要的出海口，也是中国与世界交往的重要窗口和基地。特殊的地理位置使福建成为我国历史上对外通商最早的省份之一，为"海上丝绸之路"的开辟做出了重要贡献。福建省建立自由贸易试验区，率先推进与我国台湾地区投资贸易自由，探索闽台产业合作新模式。试验区内在电信和运输服务、商贸服务、建筑业服务、产品认证服务、工程技术、专业技术等多领域扩大对我国台湾地区服务贸易开放，推动对我国台湾地区货物贸易自由。在自由贸易试验区实施更加便利的中国台湾居民入出境政策，对在自由贸易试验区内投资、就业的中国台湾企业高级管理人员、专家和技术人员，在项目申报、入出境等方面给予便利。为试验区内中国台湾投资企业外籍员工办理就业许可手续提供便利，放宽签证、居留许可有效期限。对自由贸易试验区内符合条件的外籍员工，提供入境、过境、停居留便利。试验区内一般性赴我国台湾地区文化团组审批权下放给福建省。加快落实中国台湾车辆在自由贸易试验区与中国台湾之间便利进出境政策，推动实施两岸机动车辆互通和驾驶证互认，简化临时入境车辆牌照手续。推动厦门—金门和马尾—马祖游艇、帆船出入境简化手续。推动对我国台湾地区货物贸易自由。积极创新监管模式，提高贸易便利化水平。建立闽台通关合作机制，开展货物通关、贸易统计、原产地证书核查、“经认证的经营者”互认、检验检测认证等方面合作，逐步实现信息互换、监管互认、执法互助。

（四）辽宁

辽宁省位于中国东北地区南部，南临黄海、渤海，东与朝鲜一江之隔，与日本、韩国隔海相望，是东北地区唯一沿海又沿边的省份。辽宁是中国重要的老工业基地，是全国工业门类较为齐全的省份之一，是中国最早实行对外开放的省份之一，是中华人民共和国工业崛起的摇篮。辽宁自由贸易试验区的建设是为加快老工业基地结构调整与加强东北亚区域开放合作。

在加快老工业基地转型方面，自由贸易试验区深化国资国企改革。完善国有企业治理模式和经营机制，实施分类监管和改革，探索健全以管资本为主的国有资产监管体系。稳妥推进自由贸易试验区内企业混合所有制改革，探索各种所有制资本优势互补、相互促进的体制机制。建立健全产权清晰、权责明确、政企分开、管理科学的现代企业制度。推进经营性国有资产集中统一监管，优化国有资本配置，放大国有资本功能，大力推进国有资产资本化。简化地方国有创投企业股权投资退出程序，地方国有创投企业使用国有资产评估报告实行事后备案。同时，促进产业转型升级。完善有利于推动产业集群发展的体制机制，鼓励智能装备、海洋工程装备、航空制造、新能源汽车、新材料、高技术船舶、电子信息、生物医药和高端医疗器械、商贸及快递等现代物流、海水利用等产业向自由贸易试验区集聚。加快工业化与信息化深度融合，培育发展大数据、云计算、工业互联网等新一代信息技术产业，构建先进装备制造业、战略性新兴产业和现代服务业融合发展的产业布局。利用地方政府投资设立的产业创业投资引导基金，支持新兴特色产业集群式发展。鼓励自由贸易试验区内企业通过跨区域兼并重组推动产业整合。加快中德高端装备制造产业园、大连国家生态工业示范园区与自由贸易试验区协同发展，打造国际产业投资贸易合作平台。推动发展生产性服务业。鼓励自由贸易试验区内企业开展系统集成、设备租赁、提供解决方案、再制造、检验检测、远程咨询等增值服务。推进专业技术研发、工业设计等集成创新载体及工程研究中心、科研实验室、企业技术中心建设。搭建科技成果推广、科技管理咨询、市场营销等公共服务平台。支持设立符合规定的加工贸易产品内销平台和加工贸易采购、分拨中心。鼓励金融机构、装备制造企业集团在自由贸易试验区内设立租赁公司或专营租赁业务的子公司，重点开展飞机、船舶、海洋工程结构物、轨道交通车辆、农用机械、高端医疗设备、大型成套设备等融资租赁服务。不仅要关注国资国企改革与产业转型升级，还要不断推动科研机构、高校、企业协同创新。按市场化方式，加强与国家科技成果转化引导基金、战略性新兴产业创业投资引导基金、国家中小企业发展基金的对接，设立一批专业化创业投资子基金。依托现有交易场所开展科技成果转化交易。引进境外优质教育资源，推动教育国际化。探索适应企业国际化发展需要的创新人才服务体系和国际人才流动制度。完善创新人才集聚和培育机制，推进人才、项目、资金深度融合。加大对海外人才服务力度，提高境内外人员出入境、外籍人员签证和居留、就业许可、驾照申领等事项办理的便利化水平。

在推进东北一体化协同发展上，增强自由贸易试验区口岸服务辐射功能，完善海关通关一体化改革，开展货物通关、贸易统计，“经认证的经营者”互认，检验、检测、认证等方面合作，逐步实现信息互换、监管互认、执法互助。优化内陆无水港和物流网络布局，加速实现自由贸易试验区与东北其他地区口岸间互通互联，推进东北地区在研发设计、生产销售、物流配送、人才交流、教育培训等方面的协同配合。推进与东北亚区域全方位经济合作。充分发挥辽宁作为全国重要的老工业基地和欧亚大陆桥东部重要节点的区位、交通、产业及人文等综合优势，推进国家自主创新示范区、全面创新改革试验区、大连金普新区、国家级经济技术开发区、国家级高新技术产业开发区与自由贸易试验区的互动发展。加快融入“一带一路”建设，不断扩大和丰富东北亚区域合作内涵，全面融入中蒙俄经济走廊建设，巩固与日本、韩国的合作，加速利用国际国内两个市场、两种资源，进一步扩大东北亚国际合作，在更大范围、更宽领域参与国际竞争。加快构建双向投资促进合作新机制。推进自由贸易试验区与“一带一路”沿线国家及日本、韩国、朝鲜等国的国际产能和装备制造合作，完善国际产能合作金融支持体系，促进由装备产品输出为主向技术输出、资本输出、产品输出、服务输出和标准输出并举转变，加大优势产业“走出去”拓展国际市场的步伐。充分利用自由贸易试验区国际化贸易规则，提升优势产品在“一带一路”沿线国家及日本、韩国、朝鲜等国的市场占有率。引导优势企业开展境外工程承包，投资建设境外园区。推动日本、韩国、俄罗斯等国先进制造业、战略性新兴产业、现代服务业等产业在自由贸易试验区内集聚发展。探索与东北亚各国在文化、教育、体育、卫生、娱乐等专业服务领域开展投资合作。

构建连接亚欧的海陆空大通道。依托试验区加快大连东北亚国际航运中心建设进程，推进营口港海铁联运和沈阳跨境铁路通道建设。加快沈阳内陆无水港建设步伐，支持海关多式联运监管中心建设，构建沈阳—营口陆海联运系统。支持自由贸易试验区与“一带一路”沿线国家开展海关、检验检疫、认证认可、标准计量等方面的合作与交流，探索与“一带一路”沿线国家开展贸易供应链安全与便利合作。建设现代物流体系和国际航运中心。打造面向东北亚的现代物流体系和具有国际竞争力的港航发展制度与运作模式。深化自由贸易试验区多港区联动机制，推进海陆空邮联动发展。建立航空物流枢纽中心，促进港航要素集聚，增强空港服务功能。加快东北亚区域性邮轮港口和国际客滚中心建设。加强邮政和快递集散中心建设，依托日韩海运和中欧班列（辽宁）海铁联运运输邮件、快件，建设有影响力的国际邮件互换局。

（五）陕西

陕西自由贸易试验区依托“一带一路”倡议与西部大开放战略设立发展目标：扩大与“一带一路”沿线国家经济合作；与“一带一路”

沿线国家建立人文交流新模式；推动西部大开发战略深入实施。为与“一带一路”沿线国家与地区人文交流建设新模式，创新科技合作机制，建立健全政府间科技创新合作及对话机制。自由贸易试验区内发挥企业创新主体作用，引导企业成为“一带一路”科技创新合作的投入、执行和收益主体，形成骨干企业先导带动、中小企业大规模参与的合作局面，并吸引社会力量参与。积极发现与“一带一路”沿线国家产业发展的契合点和共振点，引导各类创新主体在沿线国家共建创新平台，深化产学研合作，鼓励企业设立海外研发中心。不仅企业要引导企业发展，也需发挥民间组织作用，鼓励通过青年交往、志愿者互派、学术往来与交流等方式，丰富民间科技交往内容，鼓励民间科技组织广泛开展各类科技公益活动。推动“一带一路”信息文明的创新与传播，以信息基础设施为载体，开辟以通信和互联网产业为抓手的新型国际贸易之路，探索出一条信息丝绸之路。拓展与“一带一路”沿线国家跨境教育合作空间，推动教育资源共享，建设智力“丝绸之路”。围绕“一带一路”建设需求，调整优化相关院校的学科及专业设置，推进面向“一带一路”沿线国家的教育培训基地建设。在试验区设立国际汉唐学院和中国书法学院。鼓励获得硕士及以上学位的优秀外国留学生毕业后直接在自由贸易试验区工作，完善留学生实习居留、工作居留和创新创业奖励制度。构建全方位、多层次、宽领域的对外文化交流新格局。加强与“一带一路”沿线国家合作，保护和传承中华老字号，大力推动中医药、中华传统餐饮、工艺美术等企业“走出去”。创新文化交流合作机制，依托试验区开展陕西文物国际展示、国际交流试点，开展博物馆国际交流与合作，建设以“丝绸之路”文化为主题的智慧博物馆国际合作交流平台和历史文化研究交流平台。鼓励社会资本以多种形式参与文化产业和文化园区建设，鼓励民营文化企业健康快速发展。加强对非物质文化遗产、民间文艺、传统知识的普查、保护和合理利用，振兴传统工艺，推进文化创意、设计服务与相关产业融合发展，打造"国风秦韵"等具有国际影响力的文化品牌。建设中影丝路国际电影城等一批文化产业项目，推出一批具有国际影响力的文化艺术精品。依托现有交易场所，在国家政策法规允许范围内开展文化艺术品交易业务。积极推动文化产品和服务出口，减少对文化出口的行政审批事项。拓展艺术品交易市场功能。对完全针对国外外语市场开展出版业务的非公有制企业、中外合资企业给予特殊政策扶持。依托海关特殊监管区域政策功能，促进文化产业发展。加快西安国家数字出版基地、西安印刷包装产业基地建设，创建国家级出版物物流基地。开展文化产品跨境电子商务试点，依托现有交易场所开展文化产品跨境电子交易，鼓励文化企业借助电子商务等新型交易模式拓展国际业务。试点以政府和社会资本合作（PPP）等模式推动对外文化投资。加强文化知识产权保护。积极推进文化金融改革创新。创新旅游合作机制。深化旅游业资源开放、信息共享、行业监管、公共服务、旅游安全、标准化服务等方面的国际合作，提升旅游服务水平。允许在自由贸易试验区内注册的符合条件的中外合资旅行社，从事除中国台湾地区以外的出境旅游服务。吸引外商投资旅行社在自由贸易试验区内设立公司运营总部。积极与"一带一路"沿线国家签订旅游合作框架协议、旅游合作备忘录等整体性协议，合作举办国际旅游展会。推动中医药健康旅游发展，创新医疗卫生合作机制。发挥陕西医疗资源、医学教育、医学科研及区位优势，在卫生合作机制、重点传染病防控、重大慢性非传染性疾病防治、突发急性传染病防控与紧急医学救援、能力建设与人才培养、传统医药、卫生体制和政策、卫生发展援助、健康产业发展等重点领域，与"一带一路"沿线国家进行广泛合作。允许“一带一路”沿线国家与国内中医药服务机构在自由贸易试验区内投资中医理疗、康复、培训、宣传、国际推广等机构，搭建中医药健康养生国际综合服务平台。

为推动西部大开发战略深入实施，带动区域开放型经济发展，需充分利用自由贸易试验区的载体和平台作用，在积极承接外向型产业转移的同时，将科技、产业优势向西部其他地区辐射。培育建设产业集群发展带，推动关中—天水、新疆天山北坡、呼包银榆等重点经济区域协同开放、一体发展，形成西部地区新增长极。联合西部地区相关省份开展多式联运，畅通沟通境内外、连接东中西的新亚欧大陆桥国际经济走廊。建立西部地区联合对外合作交流平台，以资源优势为重点，以资源加工工业为主体，强化国际国内交流，带动西部贫困地区、民族地区开放战略实施。加强区域口岸合作，推动陆港联动，实现口岸功能延伸，提升对外开放、公共卫生安全保障能力。推动检验检疫部门与地方卫生部门等加强联防联控合作，防止传染病跨境传播。积极鼓励自由贸易试验区各科研院所与西部地区各类企业合作，推进协同创新。及时总结推广“双创”示范、系统推进全面创新改革及知识产权保护的经验，推动有条件的地区建设具有强大带动力的创新型城市和区域创新中心，培育一批知识产权试点示范城市和知识产权强市、强县。创新军民融合发展机制，建立军民成果双向转化“人才池”和“专利池”。建立重点产业专利导航工作机制，建设国家知识产权服务业聚集区。促进区域产业转型升级。通过自由贸易试验区高端产业集聚，促进西部地区优化现代服务业、先进制造业和战略性新兴产业布局，创新区域经济合作模式。以产业链为纽带，促进西部地区在研发设计、生产销售和物流配送等环节的协同配合，支持西部地区企业通过跨区域兼并重组实现产业转型升级。构建服务区域发展的人才高地。率先在自由贸易试验区建立健全高层次人才评价机制、简化高层次人才评价认定程序、完善符合条件的外国籍高层次人才签证及居留政策等，推动境内外专业人才双向流动，为外国籍高层次人才来陕工作开辟绿色通道，简化手续，在出入境、工作、停居留等方面提供便利，积累经验并向西部地区推广。联合打造西部优质人才载体，提升西部地区高层次人才发展及创业创新平台建设水平。建设面向西部地区的高层次人才综合服务体系，大力发展人力资源服务业。

（六）重庆

重庆地处中国中西结合部，西南地区连接着“丝路经济带”和“海上丝绸之路”，自由贸易试验区的建立将推进“一带一路”和长江经济带联动发展，推动长江经济带和成渝城市群协同发展。重庆自由贸易试验区：构建多式联运国际物流体系。支持在试验区内建立海关多式联运监管中心，打造覆盖铁、公、水、空多种运输方式的国际物流运输体系；依托中欧国际铁路联运通道，强化运输安全，提高运输效率，降低运输成本，构建中欧陆路国际贸易通道和规则体系，发展国际铁路联运；依托长江黄金水道，探索建立沪渝外贸集装箱“五定”快班轮三峡船闸优先放行机制，发展江海联运；依托渝昆泛亚铁路通道、东南沿海港口、陆路边境口岸，以铁路和高速公路网为陆路通道，发展铁海联运和跨区域、跨国境的国际陆路运输；依托重庆江北国际机场，探索空域和航空资源管理改革，支持国内外大型企业设立基地航空公司，完善集疏运体系，加密航线航班，构建基本覆盖全球主要经济体的航线网络。探索建立“一带一路”政策支持体系。以中欧国际铁路联运通道为重点，完善自由贸易试验区与“一带一路”沿线各国海关、检验检疫、标准认证部门和机构之间的通关合作机制，开展货物通关、贸易统计，“经认证的经营者”互认、检验、检测、认证等方面合作，逐步实现信息互换、监管互认、执法互助。探索与“一带一路”沿线国家开展贸易供应链安全与便利化合作。支持自由贸易试验区内企业以自建、收购、股权合作等多种方式在“一带一路”沿线国家建立境外营销、物流、结算等区域性运营总部。支持以试验区为依托建设中德、中韩等国际经贸、产业、人文合作平台。探索共同出资、共同受益的资本运作模式，支持在自由贸易试验区建立市场化的合作基金，为基础设施建设、投资贸易和产业发展提供资金支持。加强试验区与“一带一路”沿线国家的高校联合培养和交流合作，加快培养适合多双边贸易投资的各方面人才。探索建立区域联动发展机制。通过试验区高端产业聚集，促进内陆地区现代服务业、先进制造业和战略性新兴产业加快发展。创新区域经济合作、利益共享模式，促进区域一体化发展。依托长江黄金水道，推进自由贸易试验区内沿江区域有序承接产业转移。鼓励拓展服务功能和范围，自由贸易试验区内企业原则上不受地域限制，可到区外再投资或开展业务，如有特殊规定要求办理相关手续，应按照相关规定办理。提升自由贸易试验区与周边地区交通运输服务水平，优化运输组织，创新服务方式，推进自由贸易试验区与周边城市客运服务公交化运营，鼓励同城化服务。鼓励在试验区发展货运班线、城际速递、共同配送等多样化、专业化服务方式。

促进区域产业转型升级。以产业链为纽带，在自由贸易试验区内建立市场化运作的产业转移引导基金，促进长江经济带各省市、成渝城市群的相关园区、企业、研发机构等在研发设计、生产销售和物流配送等环节的协同配合。充分发挥长江黄金水道的重大件运输通道优势，整合内陆装备制造业优势资源，推动汽车、重型机械、船舶配套设备、轨道交通设备等向试验区沿江区域集中。充分发挥试验区高端要素集聚平台作用，瞄准全球和国家科技创新趋势，重点突破创新链的关键技术、产业链的关键环节，加快形成电子核心部件、新材料、物联网、航空器及零部件研发制造、高端交通装备、新能源汽车及智能汽车、生物医药、能源环保装备、智能终端等战略性新兴产业集群。在试验区内设立区域联合研发和配套协作平台，提高装备设计、制造和集成能力。鼓励各地区高校、科研院所在自由贸易试验区打造创新创业发展平台，发展新型创业孵化机构。完善自由贸易试验区创新创业服务体系，大力发展创业辅导、信息咨询、技术支持、融资担保、成果交易、检验检测认证等公共服务。增强口岸服务辐射功能。按照“零距离换乘”“无缝衔接”的要求，强化试验区与周边地区水运、铁路、公路、航空等运输方式有机衔接。拓展口岸功能，扩大水运口岸范围，完善自由贸易试验区内进口整车、水果、肉类等指定口岸建设。推动试验区根据实际需要申报设立进口粮食、植物种苗、金伯利进程国际证书制度等指定口岸和指定实施机构，提升内陆口岸对周边的辐射带动作用。鼓励发展直接或间接依托口岸的经济业态，强化自由贸易试验区口岸服务功能，提升便利化程度，聚集人流、物流、资金流、信息流，带动腹地经济融入国际国内两个市场，形成扩大开放的叠加效应。

（七）四川

四川省实施内陆与沿海沿边沿江协同开放战略。四川自由贸易试验区的建设将注重：增强产业辐射带动能力。探索形成有利于高端制造业和现代服务业向试验区集聚集群发展的体制机制。探索试验区与周边地区产业合作新路径，促进区域产业合理布局、优势互补、错位发展。促进研发设计、生产销售和物流配送等环节协同配合。建立市场化运作的产业基金，建立产业协作发展和收益分享机制。发挥川酒优势，在试验区内探索白酒产销体制创新。深化中国国际酒业博览会功能，依托现有交易场所开展国际性酒类产品展示、投资、技术等交易，打造中国白酒创新创业集聚地。依法合规开展大宗商品现货交易，加快推进大宗商品现货市场发展，强化监管、创新制度、探索经验。推动西部地区区域金融合作，依托现有交易场所在西部地区开展产权、技术、排污权、碳排放权等交易。鼓励企业跨区域兼并重组，在基础设施、公共设施建设运营领域，推广政府和社会资本合作等投融资模式。构建自由贸易试验区与陕滇黔渝藏等西部地区、东部发达地区和长江经济带的国家级开发区协同合作机制，探索共建产业合作园区。探索自由贸易试验区与其他长江经济带自由贸易试验区协同开放机制，实现成果共享、监管互认、业务互通。积极承接东部地区优势产业转移，着力打造与东部产业配套协作的高端制造业、现代服务业和临港产业基地。畅通国际开放通道。依托双流航空枢纽、成都国际铁路港、川南临港口岸，构建与"一带一路"沿线相关国家和长江经济带空、铁、公、水联运的综合物流服务体系。支持成都国际铁路港建设国家对外开放口岸，依托中欧班列（成都）等打造国际铁路运输重要枢纽，推进与泛欧泛亚地区枢纽城市的互联互通。积极探索与"一带一路"沿线国家相关机构在运输安全、环境保护、通关查验等方面建立合作机制。加快推进国际航空枢纽建设，大力发展临空经济。支持国际航班代码共享，鼓励符合条件的航空公司新开、加密、优化国际（地区）国内航线。构建国际（地区）国内有效衔接、相互支撑的航线网络和航班时刻分配机制。允许设立符合条件的全货运基地航空公司。优化多种运输方式衔接、中转流程，完善多式联运标准和服务规则，探索与沿海沿边沿江重要枢纽城市高效联运新模式，加速构建集高铁、地铁、城际铁路、高速公路于一体的综合交通体系，建设中欧陆空联运基地。

推进内陆地区国际多式联运示范建设，试点签发具备物权凭证性质的多式联运提单，探索多式联运“一单制”。在交通运输领域，完善快件处理设施和绿色通道。加快发展快递等现代物流业。打造沿江开放口岸。支持川南临港片区设立国家对外开放口岸，加快建设高等级航道，促进与长江主要港口的协同开放合作。打造长江口岸现代航运服务系统，推进水运口岸“单一窗口”试点。支持开展内外贸同船运输、国轮捎带业务。大力发展船舶交易、航运物流信息、船员培训、船舶维修等航运服务业。创新长江船舶登记制度，优化船舶运营、检验与登记业务流程，简化入区申报手续，试行电子数据自动填报，加快智能物流网络建设。推进与沿海沿江口岸信息对接互联。大力发展长江航运金融服务，探索组建专业化地方法人航运保险机构，鼓励境内外航运服务中介机构设立营业机构。

（八）湖北

湖北省北接河南，东连安徽，东南与江西相接，南邻湖南，西靠重庆市，西北与陕西交界。湖北省发达的水陆交通运输与四通八达的铁路，成为我国中部交通枢纽。湖北建立自由贸易试验区将促进中部地区和长江经济带产业转型升级，加快建设长江中游航运中心。鼓励拓展干支直达、江海直达航线和近洋航线。促进航运要素集聚，支持依托自由贸易试验区发展长江航运电子商务等业务，培育航运保险、海事仲裁、船舶检测认证等高端航运服务业态，探索形成具有国际竞争力的航运发展机制和运作模式。将武汉长江中游航运中心打造成通江达海、辐射中部、面向全国、具有国际影响力的现代化航运中心，初步形成资源高度集聚、服务功能齐全、市场环境优良、现代物流便捷高效的内河航运体系，提升服务长江经济带发展能力。

增强航运服务功能。在保障安全的前提下，放宽船舶融资租赁登记地选择，简化换证程序。将外资经营国际船舶管理业务的许可权限下放给湖北省。逐步开放中国籍国际航行船舶入级检验，允许特定条件下租用外籍船舶从事临时运输。扩大内外贸同船运输、国轮捎带运输适用范围，提升运力资源综合效能。构建国际物流枢纽。大力推进铁、水、公、空多式联运。支持试验区内有条件的铁路、航空、内河口岸升级为一类开放口岸。贯彻落实“一带一路”倡议，推进中欧班列（武汉）发展，支持设立中欧班列华中拆拼箱中心。支持有条件的航空口岸开通和增加国际客货运航班，开通至各大洲主要物流节点城市的全货运航线和国际中转货运航班。支持设立国际航空运输服务企业，在条件具备时，在自由贸易试验区试点航空快件国际中转集拼业务。大力引进国际物流企业在自由贸易试验区内建立区域总部或营运中心，支持在自由贸易试验区内设立国际邮件互换局和交换站。支持国内外快递企业在自由贸易试验区内的非海关特殊监管区域，办理符合条件的国际快件属地报关报检业务。支持建设多式联运物流监管中心，对换装地不改变施封状态的予以直接放行。促进区域产业转型升级和绿色发展。发挥自由贸易试验区作为开放高地的综合优势，支持非公企业进入电力、铁路、民航、电信等特许经营领域，推动各类要素有序自由流动和优化配置。支持自由贸易试验区发展总部经济。充分利用长江经济带产业基金等跨区域的产业转移引导基金，推动中部地区和长江经济带产业合理布局、协同发展。全面整合老工业基地调整改造等产业政策资源，推进传统优势产业的跨区域兼并重组、技术改造和转型升级。创新推进战略性新兴产业集聚发展的体制机制，支持建立符合发展需求的制造业创新中心，大力发展股权投资基金等新型投融资模式，鼓励信息技术、智能制造、新能源汽车、生物医药、海工装备、航空航天、北斗、轨道交通装备等高端产业向自由贸易试验区集聚，推进与提升新型工业化产业示范基地建设，在重点领域培育打造长江经济带世界级产业集群。支持建立“互联网 + 制造”融合发展的标准认证、安全管理等体制机制。促进“设计 +”“旅游 +”“物流 +”“养老 +”“商业 +”等新型服务业态发展。统筹研究部分国家旅游团入境免签政策，打造国际文化旅游目的地。允许在试验区内注册的符合条件的中外合资旅行社，从事除中国台湾地区以外的出境旅游业务。按照全国主体功能区规划要求，探索在试验区内建立生态环境硬约束机制，明确环境质量要求，促进中部地区和长江经济带绿色发展。支持建立环评会商、联合执法、信息共享、预警应急联动机制。探索建立环境保护、绿色发展指标体系。打造区域发展综合服务平台。推动自由贸易试验区与中部和长江经济带其他地区开展广泛的经贸合作，更好地发挥示范带动作用。推动国家级经济技术开发区与自由贸易试验区互动发展。探索构建区域商品交易集散中心、信息中心和价格形成中心，增强对中部地区的市场集聚和辐射功能。在遵守国家规定的前提下，中部地区产权交易市场、技术交易市场、排污权交易市场和碳排放权交易市场可在试验区内开展合作。

（九）河南

河南地处祖国中部，承东启西、连接南北，京广、陇海两大铁路干线穿省而过并在郑州相汇。当“东部沿海开放”时,河南不属于东部；“西部大开发”时，河南仍然不属于西部，最终，河南省依靠“中部崛起”战略将地理优势转化为经济发展优势。作为我国中部省份，自由贸易试验区的建设将为“一带一路”建设的交通物流枢纽服务。为增强河南自由贸易试验区为“一带一路”建设服务功能：畅通国际交通物流通道。增加国际货运航线航班，构建连接全球主要枢纽机场的空中通道。积极探索以郑州和国外重要枢纽城市协同联动的国内国外“双枢纽”发展模式。依托陆桥通道，加密至“丝绸之路”经济带沿线国家的中欧班列（郑州），支持开展拼箱、集装箱分装大型设备、国际邮运业务，允许在国内沿线口岸和郑州国际陆港之间开展进出口集装箱加挂业务试点；开通至沿海港口的快捷货运列车，构建东联西进、陆海相通的国际运输通道。完善促进国际便利化运输的相关政策和双边运输合作机制，增加便利运输协定的过境站点和运输线路，加快海外物流基地建设。支持建设自由贸易试验区至我国国际通信业务出入口局的直达国际数据专用通道，打造互联互通的“信息丝绸之路”，推动国际交通物流通道建设。完善国内陆空集疏网络。鼓励快递企业利用铁路运送快件，配套建设快件物流基地，依托试验区推动郑州建设全国快递中转集散中心，打造覆盖全国主要经济区域的 4 小时快件集疏网络。支持国内外快递企业在试验区内的非海关特殊监管区域办理符合条件的国际快件属地报关报检业务。开展道路货运无车承运人试点，加快普及公路甩挂运输，扩大“卡车航班”覆盖范围和运营规模，构建以郑州为中心的 500 千米范围内的公路集疏圈。支持周边省市在自由贸易试验区建设专属物流园区，开展现代物流业务。加密完善至国内热点城市的“空中快线”，鼓励发展全货机航班、腹舱货运，构建长距离航空集疏网。开展多式联运先行示范。发展以“一单制”为核心的便捷多式联运。建立健全适合内陆多式联运的标准规范和服务规则，加强与国际联运规则的相互衔接。鼓励企业间联盟合作，率先突破陆空联运、公铁联运，试点推进快件空铁联运，打造多式联运国际性物流中心。在交通运输领域，完善快件处理设施和绿色通道。拓展郑州机场“空空 + 空地”货物集疏模式，增加国际中转集拼航线和试点企业。支持设立国际航空运输服务企业，在条件具备时，在自由贸易试验区试点航空快件国际中转及集拼业务。依托航空和铁路口岸，促进海关特殊监管区域协调联动，创新多式联运（内陆型）监管模式，推进铁路舱单与海运、公路、航空舱单共享和舱单分拨、分拆、合并。建设承载“一单制”电子标签赋码及信息汇集、共享、监测等功能的公共服务平台，推进不同运输方式、不同企业间多式联运信息开放共享和互联互通。在执行现行税收政策的前提下，提升超大超限货物的通关、运输、口岸服务等综合能力。推进跨方式技术装备标准化，推广应用托盘、集装箱等标准运载单元。扩大航空服务对外开放。积极引入基地航空公司和国内外知名物流集成商。允许具备条件的外国航空公司和基地航空公司开展国际航班代码共享。探索与国际枢纽机场建立航空货运联盟，在航线网络、货品、数据共享等方面开展合作。支持航空器及零部件研发、制造、维修企业在自由贸易试验区集聚，对海关特殊监管区域内企业生产所需的进口机器、设备予以免税。对注册在自由贸易试验区海关特殊监管区域内的融资租赁企业进出口飞机等大型设备涉及跨关区的，在确保有效监管和执行现行相关税收政策的前提下，按物流实际需要，实行海关异地委托监管。推进内陆口岸经济创新发展。依托试验区带动郑州航空和铁路国际枢纽口岸建设，支持设立药品、进境植物种苗、木材等指定口岸，提升进境粮食、进口肉类等口岸运营水平，促进各类口岸与物流、贸易联动发展，形成辐射全球主要经济体、带动区域产业升级的口岸开放新格局。探索前端研发设计和后端销售服务“两头在区”、中间加工环节在外的企业集聚模式，优化先进制造业、现代服务业布局，打造高质高端高附加值产业集群，建设中西部制造业总部基地。支持开展进境邮件“一点通关、分拨全国”，研究开展跨境电子商务和商业快件及邮政包裹搭乘中欧班列（郑州）出口等业务。

发挥海关特殊监管区域功能政策优势，促进形成具有世界竞争力的高技术含量产品售后维修中心。在严格执行货物进出口税收和检验检疫、监督管理政策的前提下，允许在海关特殊监管区域内设立保税展示交易平台。促进国际医疗旅游产业融合发展。发挥国际航空网络和文化旅游优势，积极吸引国际高端医疗企业和研发机构集聚，以健康检查、慢病治疗康复、中医养生保健、整形美容、先进医疗技术研发和孵化为重点，培育康复、健身、养生与休闲旅游融合发展新业态。鼓励试验区在医疗机构治未病服务项目纳入收费项目和确定收费标准等方面先行试点。鼓励社会资本在自由贸易试验区举办规范的中医养生保健机构。自由贸易试验区内医疗机构按照现行干细胞临床研究规定开展相关工作。允许在自由贸易试验区内注册的符合条件的中外合资旅行社，从事除中国台湾地区以外的出境旅游业务。为培育“一带一路”合作交流新优势，建立健全与“一带一路”沿线国家的合作机制，重点在农业、矿业、装备制造、物流、工程承包、科技教育等领域开展国际合作。建设服务于内陆地区“走出去”和“引进来”的重要窗口，探索内外贸相互促进机制、与“一带一路”沿线国家重点城市产能合作机制，吸引企业统筹开展国际国内贸易，建设一批双向合作经贸产业园区。探索与“一带一路”沿线国家文化交流、文化贸易创新发展机制，推进文化传承和开发，完善服务链条，推进华夏历史文明传承创新区建设。围绕服务“一带一路”建设，探索食品、农产品及水产品的快速检验检疫模式，优化药品、保健食品、化妆品、医疗器械的审评审批程序。支持河南省与教育部在自由贸易试验区合作共建教育国际化综合改革试验区，积极引进境外优质教育资源开展高水平、示范性合作办学，加大对“一带一路”沿线国家的中国政府奖学金支持力度、积极为经贸类团组和企业人员出国（境）提供便利，研究制订自由贸易试验区外籍高层次人才认定办法，落实人才签证实施细则，明确外国人才申请和取得人才签证的标准条件和办理程序。

（十）浙江

浙江自由贸易试验区地处“一带”与“一路”交汇点，是东部地区重要的海上开放门户，积极筹划推动浙江自由贸易试验区与“21世纪海上丝绸之路”的精准对接，是全面贯彻落实党的十九大精神的必然要求，也是浙江省参与建设现代化经济体系的政策实践。提升交通互联互通。高效便捷的交通网络能够降低浙江自由贸易试验区企业生产、物流成本，提高自由贸易试验区企业的国际竞争力，是精准对接“21世纪海上丝绸之路”的前提条件。铁路建设，实现各种运输方式综合衔接，以进一步提升试验区的集聚辐射能力；以舟山江海联运服务中心为重点，提升港航物流服务水平，完善大宗商品中转运输体系，打造世界一流现代航运服务体系。构建“一带多联”集疏运体系，提升江海、海河、海铁、海陆等多式联运水平，提高与沿线国家和地区的互联互通能力。提升区位协调能力。浙江自由贸易试验区作为最具自由贸易港潜质的试验区之一，应加强与“一带一路”沿线国家和地区互动合作，力争成为浙江新一轮高水平开放和经济发展的支撑点，打造浙江成为对接“21世纪海上丝绸之路”的“桥头堡”。为此，既要充分发挥国际航运网络区位、海洋资源产业、舟山港口、物流集疏运等优势，推进江海联运服务中心建设，实现沿线国家和地区货物在浙江的贸易、中转和集散，更要发挥内外协调发展的优势，主动融入长三角区域一体化发展。提高平台服务功能。实现浙江自由贸易试验区建设与“海上丝路”的对接，应重点强化产业平台、科创平台和跨境电子商务平台的建设。具体而言，以高新技术产业园区、船舶装备产业园区、现代航空产业园区、岱山经济开发区、新港工业园区等为重点，按照集聚发展、错位发展的要求，进一步明确各区块产业发展的方向和重点，促进海洋战略性新兴产业集聚。同时，积极推进海洋科学城、省海洋开发研究院、摘箬山海洋科技示范岛等科创平台的建设，创新平台运行机制，完善平台服务功能，促进各类科技、人才资源向相关创新平台集聚。就跨境电子商务平台建设而言，应积极推进国家海洋电子信息产业（舟山）示范基地建设，利用浙江全球领先的电子商务产业优势，发展数字贸易，搭建一条“网上丝绸之路”，实现与“21 世纪海上丝绸之路”沿线国家和地区互联网对接。

第二节
国内与国外各自由贸易园区比较

一、管理体制

在经济发达、法制建设成熟的国家，自由贸易园区较多采取由政府通过法律授权一家专业管理公司直接负责自由贸易园区开发、建设以及相关日常运行的企业主导管理模式；国外经济发展迟缓、法制建设不够完善的国家，采取政企综合管理自由贸易园区。而在中国特色社会主义下，我国当前建立的自由贸易试验区都为政府主导管理。为推进自由贸易园区建设、开发、管理工作的进行，将成立自由贸易园区咨询管理委员会或者专门管理机构，根据国家的不同实际情况，在不同程度上，将自由贸易园区的开发、建设、经营、管理等权力授权给私营企业或国有性质企业。而我国自由贸易试验区成立自由贸易试验区工作领导小组，根据不同省份建立试验区的实际情况，设立省级或市级自由贸易试验区管理委员会，由省市人民政府或其他国家部门全权管理。对于不同国家文化、经济、法制建设等的差异，形成不同的自由贸易园区管理体制。相较于国外管理体制，大都将管理权力授权给予公司，让其发挥市场活性，使自由贸易园区保持发展活力。而我国采取政府主导形势，也是社会情况的选择，符合我国国情，所以说三种模式的选择并没有优胜劣汰，而是根据实际情况、社会选择形成。

二、投资管理

“境内关外”是自由贸易园区的重要特征，是一国设在本国国境之内、关境之外的特殊区域。海关对从境外进入自由贸易园区的货物一般不采取监管措施，免征收关税。通常把自由贸易园区海关监管的核心思想概括为：“一线放开，二线管住，区内自由”。“一线放开”是指在自由贸易园区内的企业进口货物或出口货物，不受海关监管，园区内企业享受充分的自由；“二线管住”是指货物从自由贸易园区进入到国内一般市场，或货物从国内一般市场进入到自由贸易园区时，海关有权利依照海关法对进出园区的货物进行例行的监管；“区内自由”是指自由贸易园区内的企业可以对生产的产品进行拆装、加工、展览、储存等，这些程序并不会受到海关部门的限制。“境内关外”由国外自由贸易园区发展经验获得，在我国同样根据国情采取相关“境内关外政策”。同样，开放宽松的外资准入政策是自由贸易园区实现“投资自由化”的重要前提，投资自由化即通过减少外资企业投资准入的各种限制性条款来减轻或消除自由贸易园区市场扭曲的行为。

当前，自由贸易园区采取投资自由化政策普遍采用的是“准入前国民待遇＋负面清单”的管理模式。其中，准入前国民待遇是给予进入自由贸易园区进行生产的外资企业和本国企业一样的待遇。世界主要发达国家的自由贸易园区通常都会采取各种优惠政策鼓励外资进入园区进行投资，其对外开放的投资领域也相当广泛，尤其是开放了服务领域，逐渐消除园区投资准入的限制，国外企业到园区投资只需要在相关部门登记备案，不需要政府审批和批准。实行投资自由化政策最主要的是采取准入前国民待遇，即在国外投资者进入园区前实行开放性政策，给予进入自由贸易园区的国外投资者不低于本国投资者的待遇。然而实际上，大多数国家在投资准入方面将不符措施详细列在负面清单中，各国会依据本国的国情制定适合本国的负面清单。不同国家和地区自由贸易园区实施不同的投资准入政策，如表 5-1 所示。与国外相比，我国在整体上根据国情与国外主要自由贸易园区经验，设置投资准入限制。然而我国更加注重经济发展以提供优惠政策，在进入园区外商投资行业环保相关投资准入较弱。

表 5-1　各国自由贸易园区投资管理比较

自由贸易园区	投资管理
新加坡自由贸易园区	除对环境造成污染以及危害社会安全的行业外，对大多数外商投资无管制限制； 全面放开外贸、租赁、电信市场，处理新闻、公共事业外，采取年度备案制； 限制劳动密集型、污染型或附加值低制造业进入园区内进行投资
美国对外自由贸易区	除法律禁止或有管理局规定为有害公共利益、健康、安全产业外，均可进入对外贸易区投资； 对要实施收购、兼并与合并经济活动的企业需要及例行申报和接受审查，除此之外对于外资准入限制较少； 由国家相关法律规定涉及国家安全与垄断等问题的外资投资均需要进行审查
欧洲自由贸易园区—爱尔兰	园区内严禁设立军火制造和发展核能，对外资企业也严令禁止； 积极引入国际竞争力强、附加值高制造业与金融服务行业进入自由贸易园区，并为其提供政府补助与优惠的准入前国民待遇； 香农开发公司全面负责园区开发，简化投资手续

续表

自由贸易园区	投资管理
拉丁美洲自由贸易园区—巴西	园区内简化投资审批手续，获得批准手续后享受各种优惠政策； 鼓励外资进入园区，对主要工业部门投资比例实施三三制度； 在园区内使用国内设备与零件，将获得更加优惠的政策； 在园区内进行投资项目必须通过环保建设许可与环保运营许可，才能享受优惠条件
中国自由贸易试验区—上海	实施外商投资准入特别管理措施（负面清单），在农业、制造业、交通运输业等多个行业明确限制或禁止外商投资条件

资料来源：孟庆友，徐士元．国外自由贸易园区对我国的启示［J］．北京电子科技学院学报，2014（1）：52–57，76；敦志刚．全球自由贸易园区的比较研究及对中国的借鉴［D］．中共中央党校硕士学位论文，2016.

三、贸易便利化

在一般进出境的海关程序简化制度中，便利措施包括了监管互认、执法互助、信息互换等。建成国际水平的自由贸易试验区，就必须建立与国际贸易相适应的便利化平台。我国自由贸易试验区采取国际贸易单一窗口是指货物在区内跨部门流动的综合管理服务平台，也是实现监管互认、执法互助、信息互换的技术平台。而国际贸易单一窗口来自于国际上的“单一窗口”和“一站式检验”等经验。单一窗口依靠电子信息技术，将海关、检验检疫部门和边境执法等部门连接在一起，形成货物流动和海关监管的信息集散地，通过这样一个“枢纽”，可以迅速将相关信息传送到海关业务办理部门。借助于电子信息技术，单一窗口能够实现自由贸易园区的无纸化报关和货物流动，可以大幅度简化报关手续。

自由贸易园区在海关监管上实行“一线放开，二线管住，区内不干预”的运作体制，提高贸易投资便利度。欧洲、美国和亚太各类自由贸易园区，准许商品自由免税进出，实施便捷合理的有效监管是其基本功能。赋予自由贸易园区“境内关外”的特殊法律地位，海关的监管方式不同于其他海关管辖区域，对于进出货物的运输、储存、流动和买卖，尽可能简化手续、提高效率，给予最大程度的自由，海关仅在货物离开园区入境时进行严格监管。国外自由贸易园区的管理模式不尽相同，分为国家或地区级的宏观管理体系和园区内的微观组织体系。根据各国园区的发展经验，对于自由贸易园区较多或港城融合型的国家和地区，在立法约束的基础上，建立国家级的专门机构进行协调，负责全国范围内的自由贸易园区事宜。对于自由贸易园区数量较少的国家和地区，可以赋予地方政府进行直接监管。

四、金融领域

金融是一个国家经济发展的血液，金融的自由化政策有利于自由贸易园区投资、融资、担保、保险等金融业务的繁荣，也有利于提高国家间贸易活动中资金的周转速度，降低园区内企业经营所需的资金成本和市场波动所引起的汇率风险，同时也为生产要素进出自由贸易园区提供了便利。全球自由贸易园区通常采取宽松、开放、自由的金融政策。一是宽松的外汇管理政策。这是自由贸易园区开展离岸金融贸易时采取国际货币结算的重要前提。二是资金自由进出政策。自由贸易园区内的企业在资金使用上没有任何限制，其生产所得合法收入可以自由进出园区。全球发展比较成功的自由贸易园区一般采取开放、宽松的金融自由化政策。外汇在自由贸易园区内可以自由兑换，外资也可以自由进入和退出自由贸易园区，外资企业在自由贸易园区内获得的合法收入和利润可以不受限制地汇出国外。各地区自由贸易园区金融自由化情况如表 5–2 所示。

表 5–2 各地区自由贸易园区金融自由化

自由贸易园区	金融领域
新加坡自由贸易园区	自由、开放、宽松的外汇管理和金融制度； 外汇自由进入园区，发行新股与出售旧股所募集资金可自由流入转出等
美国对外自由贸易区	放松金融管制，实行金融自由化； 放宽或取消银行支付存款利息限制，允许业务交叉等
欧洲自由贸易园区—爱尔兰	无外汇管理限制； 在园区内从事进出口业务有关外汇交易不需申请特殊许可证
拉丁美洲自由贸易园区—巴西	实行金融自由化，数十家银行在区内设立分行，实行货币自由兑换
中国自由贸易试验区—上海	外资银行营业性机构经营人民币业务的，在提出申请前应在中国境内开业 1 年以上； 保险业务； 具体内容包括扩大自由贸易区金融业对外开放，先行先试外汇管理改革，拓展自由贸易账户的投融资功能和适用范围

资料来源：孟庆友，徐士元．国外自由贸易园区对我国的启示［J］. 北京电子科技学院学报，2014（1）：52–57，76；敦志刚．全球自由贸易园区的比较研究及对中国的借鉴［D］. 中共中央党校硕士学位论文，2016.

五、税收优惠

从表 5–3 所列部分自由贸易园区税收优惠可见，各国均根据本国自由贸易园区发展的特点制定了适合本身且具有竞争力的税收优惠政策，主要包括关税优惠和所得税优惠。关税方面，一般对园区企业进出口货物免征关税，也没有相应的关税限额或附加税；所得税方面，园区内企业相对于区外具有更低的企业所得税。同时在全球自由贸易园区税收政策的制定过程中，政府都将支持战略性、关键性的高技术产业发展作为重点，并制定特殊的税率政策。税收优惠政策一般会根据设区国的经济实力和经济发展阶段制定。发达国家经济实力整体较强，基本上不依赖外资，市场经济制度发展比较成熟，一般不会采取税收优惠政策。而发展中国家经济实力整体来说比较弱，对外资具有较强的依赖性，市场经济制度尚不成熟，通常会采取具有较强国际竞争力的税收优惠政策与所得税优惠。

表 5-3 自由贸易园区税收政策比较

自由贸易园区	税收优惠
新加坡自由贸易园区	进口退税，出口退税。除军火、烟酒、汽车等特殊进口货物外，基本进口免税，为鼓励园区内企业反战与扩大市场，实行出口退税优惠。应征税货物种类少，税负普遍较低。例如，园区内企业所得税为 5%～10%，进口产品按到岸价格征收 7%
美国对外自由贸易区	延迟关税、倒转关税政策、豁免关税，所得税和其他税收减免政策
欧洲自由贸易园区—爱尔兰	在园区内注册公司进口物品免增值税； 从非欧盟国家进口用于储存、处理以及加工物品免征关税； 出口免税； 在园区内投资企业享受优惠所得税等
拉丁美洲自由贸易园区—巴西	免用于自由贸易园区内消费的所有进口税； 园区内生产产品免征出口税； 鼓励投资，免征使用利润或公积金在投资法人税等
中国自由贸易试验区—上海	注册在试验区内的企业或个人股东，因非货币性资产对外投资等资产重组行为而产生的资产评估增值部分，可在不超过 5 年期限内，分期缴纳所得税； 股权激励个人所得税分期纳税政策； 融资租赁出口退税，增值税优惠政策等

资料来源：孟庆友，徐士元．国外自由贸易园区对我国的启示［J］．北京电子科技学院学报，2014（1）：52-57，76；敦志刚．全球自由贸易园区的比较研究及对中国的借鉴［D］．中共中央党校硕士学位论文，2016.

参考文献

［1］ 林钰．国外自贸区投资贸易便利化创新管理体制研究［M］．上海：格致出版社，2018.

［2］ 陈文成．自由贸易账户论：中国（上海）自由贸易试验区金融改革理论与时间［M］．上海：格致出版社，2015.

［3］ 蔡勇志．福建推进21市级海上丝绸之路核心建设的实践与探索［M］．福建：福建人民出版社，2015.

［4］ 张平，王宏淼．厦门自贸区政策研究和评估：自贸区改革突破"十三五"转型升级战略［M］．北京：社会科学文献出版社，2016.

［5］ 林涛，吕寒．自由贸易试验区功能、创新度与开放度比较与展望［M］．广州：暨南大学出版社，2018.

［6］ 朱宁．上海自由贸易区试验改革风险［J］．股市动态分析，2013（34）：16–17.

［7］ 陈丽芬，周小付，王水平．中国（上海）自由贸易试验区货物贸易转型升级战略研究［J］．经济学动态，2013（11）：68–75.

［8］ 许静．上海自由贸易区促进投资的税收政策研究［D］．西南财经大学硕士学位论文，2014.

［9］ 贺小勇．中国（上海）自由贸易试验区金融开放创新的法制保障［J］．法学，2013（12）：116–123.

［10］曹广伟，宋利朝．全面深化经济体制改革的“试验田”——中国（上海）自由贸易试验区的制度创新［J］．中国特色社会主义研究，2013（6）：80-84.

［11］龚柏华．中国（上海）自由贸易试验区外资准入“负面清单”模式法律分析［J］．世界贸易组织动态与研究，2013（6）：23-33.

［12］武剑．中国（上海）自贸区金融改革展望［J］．新金融，2013（11）：12-15.

［13］崔卫杰，张威．中国自由贸易试验区建设的模式选择［J］．国际经济合作，2013（10）：31-34.

［14］夏善晨．中国（上海）自由贸易区：理念和功能定位［J］．国际经济合作，2013（7）：13-19.

［15］李志鹏．中国建设自由贸易园区内涵和发展模式探索［J］．国际贸易，2013（7）：6-9.

［16］施元红．我国自由贸易试验区负面清单管理模式探讨［J］．对外经贸实务，2018（11）：63-66.

［17］应望江，范波文．自由贸易试验区促进了区域经济增长吗？——基于沪津闽粤四大自贸区的实证研究［J］．华东经济管理，2018（11）：7-15.

［18］李光辉．自由贸易试验区——中国新一轮改革开放的试验田［J］．国际贸易，2017（6）：6-8.

［19］孟广文，王洪玲，杨爽．天津自由贸易试验区发展演化动力机制［J］．地理学报，2015（10）：1552-1565.

［20］杨帆．天津离岸金融市场发展若干问题的研究——基于天津自由贸易试验区框架下的分析［J］．价格理论与实践，2015（7）：79-81.

［21］盛斌．天津自贸区：制度创新的综合试验田［J］．国际贸易，2015（1）：4-10.

［22］11个自贸试验区启动协同开放［J］．中国注册会计师，2018（5）：8.

［23］任春杨．我国自由贸易试验区外商投资制度改革［J］．企业经济，2017（10）：166-172.

［24］ 王鹏，郑靖宇．自由贸易试验区的设立如何影响贸易方式转型——基于广东自由贸易试验区的实证研究［J］．国际贸易问题，2017(6)：73–84.

［25］ 王洪．我国自由贸易试验区发展比较分析及提升对策［J］．天津师范大学学报（社会科学版），2017（3）：69–76.

［26］ 裴长洪．中国自由贸易试验区金融改革问题探讨［J］．国际贸易，2015（7）：4–8.

［27］ 郑建荣．高标准建设中国（广东）自由贸易试验区［J］．南方金融，2015（5）：6–8，15.

［28］ 周运源．粤港澳自由贸易区还是中国（广东）自由贸易区——基于新时期建设自由贸易区选择的判断［J］．南方经济，2014（11）：121–123.

［29］ 庄伟卿．福建省自由贸易试验区的金融审计制度构建与创新［J］．经济问题，2018（5）：100–104，110.

［30］ 王智烜，王雪，邓力平．自由贸易试验区税收效应评析——以福建为例［J］．税务研究，2017（9）：60–65.

［31］ 俞姗．福建自贸试验区金融开放进展与问题透视［J］．福建师范大学学报（哲学社会科学版），2016（6）：16–24，173.

［32］ 俞建群，王媛媛．经济新常态下福建自由贸易试验区发展路径探索［J］．福建师范大学学报（哲学社会科学版），2015（4）：14–20，176.

［33］ 方友熙．论“一带一路”下的福建自由贸易试验区发展战略［J］．福建论坛（人文社会科学版），2015（6）：177–181.

［34］ 姚毅．中国（四川）自由贸易试验区建设的成都策略［J］．宏观经济管理，2018（3）：86–92.

［35］ 李娟，唐粼，姚星．四川自贸试验区制度创新差异化路径研究［J］．国际贸易，2018（10）：60–64.

［36］ 杨立卓．重庆自贸区的建设基础、功能定位和发展策略——与上海自贸区的比较研究［J］．西部论坛，2018（4）：106–115.

[37] 川江，白佳琦. 内陆自由贸易港的属性及建设内容和路径——兼析重庆自贸试验区建设经验 [J]. 西部论坛，2019（2）：91–98.

[38] 李建民. 湖北：自由贸易试验区武汉片区重点发展战略性新兴产业 [J]. 中国战略新兴产业，2018（5）：17.

[39] 付钰婷，袁永友. 湖北自由贸易试验区三大片区协调发展探讨 [J]. 商业经济，2018（11）：55–57，158.

[40] 张思颖，何程，王艳艳，李美云. "一带一路"战略背景下湖北自由贸易试验区的建设研究 [J]. 中国商论，2017（6）：118–119.

[41] 王晗. 河南自由贸易试验区建设对比分析 [J]. 价值工程，2018（15）：35–36.

[42] 谭波. 建立健全自贸区权力清单的动态管理机制——以中国（河南）自由贸易试验区为例 [J]. 发展改革理论与实践，2018（4）：11，17–19.

[43] 雷瑛. 对中国（河南）自由贸易试验区发展的思考 [J]. 中国经贸导刊（理论版），2017（17）：12–13.

[44] 刘战国，杨思思，刘艺娃. 加快河南自由贸易试验区建设的思路与对策 [J]. 决策探索（下半月），2015（10）：23–24.

[45] 佟岩，唐仁丽，佟晶宜. 上海经验与辽宁自由贸易试验区金融自由化 [J]. 沈阳大学学报（社会科学版），2018（4）：385–390.

[46] 林桂军. 以内陆物流港建设为中心，加快内陆自由贸易试验区建设 [J]. 国际商务研究，2018（2）：5–17.

[47] 辽宁自由贸易试验区外汇管理改革试点实施细则落地 [J]. 产业创新研究，2018（2）：127.

[48] 王子正，赵佳丽，刘艳. 中国（辽宁）自由贸易试验区行政监管体制研究 [J]. 辽宁师范大学学报（社会科学版），2018（1）：70–79.

[49] 李婉真. 辽宁自贸试验区金融创新研究——基于上海自贸试验区的启示 [J]. 时代金融，2017（18）：49，53.

[50] 常曦. 陕西自贸试验区经济发展新动能 [J]. 英才，2017（12）：90–92.

［51］郭雪松，李炘弋．我国自由贸易试验区物流体系发展思路及对策研究——以陕西自由贸易试验区为例［J］．北京工业大学学报（社会科学版），2018（5）：54-64.

［52］梁鲜桃．"开放倒逼改革"的新探索——以自由贸易试验区为例［J］．理论研究，2018（4）：14-19.

［53］李金果．中国（浙江）自由贸易试验区贸易便利化建设的经验借鉴［J］．特区经济，2018（9）：58-60.

［54］俞树彪．浙江自由贸易试验区制度创新研究［J］．浙江海洋大学学报（人文科学版），2017（5）：26-30.

［55］方晨，李浩．立足自由贸易试验区创新建设国际海事服务基地——以浙江探索为例［J］．经济研究参考，2018（69）：65-70.

［56］敦志刚．全球自由贸易园区的比较研究及对中国的借鉴［D］．中共中央党校硕士学位论文，2016.

［57］孟庆友，徐士元．国外自由贸易园区管理体制对我国的启示［J］．北京电子科技学院学报，2014（1）：52-57，76.

［58］孙伟．自由贸易园区功能定位研究［D］．辽宁大学硕士学位论文，2017.

［59］陆夏．世界自由贸易园区的发展历程、功能评价与启示［J］．海派经济学，2015（1）：134-145.

［60］陈章喜．世界自贸园区模式比较与横琴自贸园区的定位［J］．中共珠海市委党校珠海市行政学院学报，2015（3）：68-73.

［61］邬展霞，王周伟，王晓，仇倩．世界自由贸易区的产业集聚及其税制模式［J］．税务研究，2014（9）：66-70.

［62］王胜，戴贞，陈少强，孙成才，佘旭，蔡亲宏．爱尔兰香农自由贸易区发展经验探析［J］．今日海南，2018（6）：34-36.

［63］柴晔．爱尔兰：香农国际航空港自由贸易区［J］．国际市场，2014（6）：56-59.

［64］徐胜，He Jing．爱尔兰香农：世界第一个自由贸易区［J］．重庆与世界，2017（23）：54-59.

[65] 胡大龙.德国汉堡自由贸易区[J].国际市场，2013(3)：40-43.

[66] 郑雨乔.欧洲自贸区兴衰对重庆自贸区发展的启示——以德国汉堡自贸区为例[J].经贸实践，2018(9)：89.

[67] 路璐.欧洲自由港区功能与政策演进研究[D].天津财经大学硕士学位论文，2016.

[68] 西半球最大自由贸易区：科隆自贸区[J].中国远洋航务,2016(7):37-38.

[69] 张帆.世界自由贸易区与我国保税区之比较[J].时代经贸，2005(3)：70-72.

[70] 识局.上海自贸区与世界主要自贸区的政策比较[J].中国对外贸易，2015(6)：44-45.

[71] 方铭迪.巴西的玛瑙斯自由贸易区[J].热带地理，1983(1)：64-65.

[72] 邱书钦.巴西玛瑙斯自贸区发展实践与借鉴[J].对外经贸实务，2015(4)：37-39.

[73] 胡剑波.巴西综合型自由贸易园区发展经验及启示[J].经济纵横，2015(2)：83-86.

[74] 何力.智利及巴拉圭自贸区实践及其对上海自贸区启示[J].海关法评论，2014(4)：28-41.